J V.

Fritz Heymann

Tod oder Taufe

Vertreibung der Juden aus Spanien und Portugal

Jüdischer Verlag
Frankfurt am Main

Mit freundlicher Genehmigung
des Leo Baeck Institutes, New York
Das Buch erschien erstmals 1988 im Jüdischen Verlag

Erste Auflage 1992

Druck: Nomos Verlagsgesellschaft, Baden-Baden
Printed in Germany

Inhalt

Vorwort

Eine der phantastischsten und unglaublichsten Geschichten ist das Wiederauftauchen von Nachfahren zwangsgetaufter Juden im Norden Portugals in den zwanziger Jahren. Der aus Polen stammende Bergwerksingenieur Samuel Schwarz, Mitglied der jüdischen Gemeinde in Lissabon, machte damals zu seiner eigenen Überraschung in der Gegend von Belmonte Bauern und Tagelöhner ausfindig, die zwar jeden Kontakt zu der Judenheit verloren hatten, aber immer noch erkennbar an jüdischen Bräuchen festhielten.

Die sensationelle Nachricht von den wiederentdeckten Marranen–Gemeinden, die weltweit in jüdischen Blättern nachzulesen war, ist für Fritz Heymann vermutlich anfang der dreißiger Jahre der Anlaß gewesen, sich mit der Geschichte der Marranen zu beschäftigen. Durch seine eigenen Äußerungen wissen wir, daß er Anfang der dreißiger Jahre in Spanien und Portugal herumgereist ist, um Materialien zu sammeln. Auch steht fest, daß er im Zusammenhang mit seinem berühmt gewordenen Buch »Der Chevalier von Geldern« Archive in Spanien, Frankreich, Belgien und den Niederlanden aufsuchte und dort vorhandene Aktenbestände eingesehen und studiert hat.

Ende 1937 hat Fritz Heymann im Amsterdamer Exil begonnen, erste Überlegungen anzustellen, ein Buch über die Geschichte der Marranen zu schreiben. Es scheint, daß der Verleger Salman Schocken ihn dazu überredet hat. Den Vertrag, den die beiden machten, hat Heymann jedoch nicht eingehalten. Er war nicht sehr optimistisch, was die Absatzchancen des Buches anging und glaubte nicht, daß ein Buch über das Marranen–Thema den gleichen Erfolg haben würde wie der ein Jahr zuvor erschienene »Chevalier von Geldern«. In einem Brief, den er an seinen Freund Franz G. Littmann in Tel Aviv schrieb, heißt es: »Mir liegt das Thema nicht, es ist zu wissenschaftlich und spröde, um ein sicherer Erfolg zu sein« (12. 8. 1938).

Vermutlich war es tatsächlich dieser Umstand, der Heymann bestimmt hat, den Buchplan zurückzustellen. Gänzlich hat er das Vorhaben jedoch nicht aus dem Auge verloren. Im Frühjahr 1940 begann er wieder, sich mit den Materialien, die er zusammengetragen hatte, zu beschäftigen. Der Grund dafür war aber nicht, weil er an dem angefangenen Buch weiterschreiben wollte, sondern weil er ein Angebot erhalten hatte, über das Marranen-Thema einige öffentliche Vorträge zu halten. Wann und an welchem Ort er diese Vorträge gehalten hat, darüber liegen keinerlei Informationen vor. Angenommen werden kann nur, daß er die Vorträge in irgendeinem Amsterdamer Emigrantenzirkel im Laufe des Sommers 1940 gehalten hat.

Wie schon der »Chevalier von Geldern« so ist auch Fritz Heymanns »Marranen-Chronik« eine gegen den Strich geschriebene Darstellung, die abweicht von dem, was sonst über die Marranen gelesen werden kann. So geht Heymann, im Gegensatz zu Historikern wie Dubnow und Graetz, die in ihren Büchern keinen sehr großen Unterschied zwischen Juden und Marranen machen, von soziologischen Fragestellungen aus, was zu einer unterschiedlichen Betrachtung, aber auch zu einer unterschiedlichen Bewertung führt. Seine Feststellung, daß Juden und Marranen verschiedene Interessen gehabt, aber auch in unterschiedlichen Frontstellungen gestanden seien, könnte für die künftige Geschichtsschreibung von eben der gleich weitreichenden Bedeutung sein wie die von ihm einsichtig vertretene These, daß die Inquisition nicht als eine antijüdische, sondern als eine ausgesprochen innerchristliche Angelegenheit anzusehen ist.

Warum Heymann sich gerade für die Geschichte der Marranen und die Inquisition interessiert hat, hängt wahrscheinlich auch damit zusammen, daß er Parallelen sah zum Assimilations- und Akkulturationsprozeß der Juden im 19. und im 20. Jahrhundert und zu den durch den Hitlerschen NS-Staat ausgelösten Verfolgungen. Ihn faszinierte es, daß Juden im 15. Jahrhundert zwangsgetauft wurden, über Generationen katholisch waren – und doch wieder zum Judentum zurückkehrten. Dies, meinte er, sei eine Botschaft, die es gelte weiterzugeben. Das Beispiel der Marranen sei ein Beweis dafür, daß es gerade in Zeiten der Not und der Unterdrückung möglich ist, am Judentum festzuhalten: als Religion, als Lebensform, als Schicksalsgemeinschaft.

Duisburg, im Herbst 1987 Julius H. Schoeps

Tod oder Taufe

Die Vertreibung der Juden aus Spanien und Portugal im Zeitalter der Inquisition

Erster Teil

Meine Damen und Herren,

ich will Ihnen in diesen Vorträgen aus der Geschichte der Marranen erzählen, aus der Geschichte einer Gruppe Juden, die sich dadurch aus der Masse des Volks hervorheben, daß sie einmal eine Zeit hindurch, mindestens ein Jahrhundert lang, meist viel länger, Christen gewesen sind.

Sie haben, gemessen an ihrer Zahl, eine große Rolle in der Entwicklung des jüdischen Volks gespielt. Ihr Schicksal war seltsam, ungewöhnlich, romantisch, von allem Glanz des Ritterlichen und des Martyriums umgeben. Es ist viel, sehr viel über sie geschrieben worden. Einige tausend ihrer Nachfahren leben in dieser Stadt Amsterdam.[1] Und dennoch wissen wir, die wir heute leben, die Wissenschaftler, die Gebildeten, die Abkömmlinge der Marranen selbst, sehr wenig von ihnen, erstaunlich wenig. Und das wenige, das wir wissen, ist zum großen Teil falsch.

Das hat seine Gründe.

Die Juden, deren Erleben sich fast überall im Dunkel des Ghettos zwischen Lernen und Schachern, in Angst und Not abspielte, hatten die dunkle Erinnerung an Glorie und Größe der spanischen Juden im Gedächtnis behalten, sie klammerten sich daran und ließen nicht davon los. Es war ein Trost, es war Hoffnung und Halt der Menschen im Elend. In den Dramen und Gedichten Heinrich Heines, im ›Almansor‹[2], in der ›Dona Clara‹[3], finden wir den Niederschlag dieses Fühlens, finden wir den Ritter, der sich seiner verliebten Dame als Jude offenbart, den edlen Abarbanel im ›Rabbi von Bacharach‹[4], der herumscharmutziert, die Laute schlägt, die Sporen klingen läßt. Aber so, wie Heine und seine Zeitgenossen, wie noch Schriftsteller unserer Tage die Juden Spaniens und Portugals sehen, waren sie nie. Doch so, wie die jüdischen Historiker bis auf diesen Tag die Geschichte der Marranen darstellen, so war es auch nicht. So war es nicht, wenn man die Akten und Urkunden heranzieht. Das will ich zeigen.[5]

Geschichtliche Wahrheit ist stets relativ – das wissen wir. Der Historiker ist bei seinen Forschungen auf die mehr oder minder parteilichen Berichte der Zeitgenossen angewiesen. Will er die Zusammenhänge mit den kritischen Augen seiner Zeit und mit dem Rüstzeug neuerer Geschichtsschreibung sehen, so fehlen ihm meist die Unterlagen. Was uns wichtig erscheint, hat das Mittelalter oft für nebensächlich gehalten. Das Wirtschaftliche und Soziologische hat kaum je Spuren in den historischen Berichten hinterlassen, es bleibt unauffindbar im Wust der Einzelheiten, der endlosen Schlachtenberichte, des diplomatischen Gezänks und der romantischen Ausschmückung.

Doch auch in dieser verzweifelten Situation gibt es Glücksfälle. Hin und wieder, recht selten allerdings, gestattet die Geschichte dem Historiker einen schnellen Blick hinter die Kulissen der Geschichte, ins Tatsächliche. Dann nämlich, wenn dieser Historiker alles das, was er berichten und erforschen will, an sich und in seiner eigenen Zeit noch einmal erlebt, wenn sich die geschichtlichen Vorgänge nach Jahrhunderten jäh und unerwartet wiederholen. Es gibt nichts Neues unter der Sonne, sagt der Prediger in der Bibel. Alles schon dagewesen, sagt Ben Akiba in Gutzkows Schauspiel über den Marranen Uriel da Costa[6]. Das stimmt zwar nur bedingt, aber es stimmt mitunter. Es kommt vor, daß der Historiker staunend die große Parallele miterlebt, daß ihm blitzartig durch das Geschehen rings um ihn aufgeht, warum dies so und jenes anders war. Probleme, denen seine Vorgänger jahrhundertelang kopfschüttelnd gegenüberstanden, werden plötzlich klar, licht und logisch.

So ist es mit der Geschichte der Marranen, die, soviel Gedrucktes sie auch umfaßte, dunkel und unklar blieb, bis das Schicksal der mitteleuropäischen Juden in unseren Tagen Licht in die Finsternis warf, den Staub von den Akten trommelte, alles das, was vor drei Jahrhunderten geschah, deutlich, scharf umrissen, vor unseren Augen erscheinen läßt.

Vom Heute her möchte ich die Ereignisse der Vergangenheit, die Geschichte der Marranen betrachten.

Was sind das nun, die Marranen? Manchen von Ihnen, wie der Mehrheit der Juden, wird der Begriff neu und fremd sein, die anderen werden wissen, was die Geschichtsschreiber, die alle auf unserem großen Historiker Graetz[7] fußen, von ihnen sagen. Ich möchte Sie bitten, vorläufig einmal auch das aus Ihrem Gedächtnis zu streichen. Denn Graetz schrieb vor sechzig Jahren, ohne Kenntnis der archivalischen Quellen – wir wissen heute von den Marranen mehr, so viel mehr, daß das Frühere nicht mehr gilt.

Wer sind nun die Marranen?

Man kann den Begriff auf mancherlei Art umreißen, und ich möchte das auf eine äußerliche, primitive Art tun. Denn für die Marranen waren, allen bisherigen romantischen Erzählungen zum Trotz, die äußerlichen, primitiven Dinge wichtiger und entscheidender als die großen innerlichen Konzeptionen. Das mag Ihnen eine Entheiligung scheinen – aber es war so.

Die Marranen sind die Nachkommen jener Juden in Spanien und Portugal, die in den Jahren 1391 bis 1497 zwangsweise dem Christentum zugeführt wurden, die zum Teil, zum kleineren Teil in den darauffolgenden Jahrhunderten zum Judentum zurückkehrten, nachdem sie mindestens ein Jahrhundert lang, meist viel länger, Christen gewesen sind.

Schon die Bedeutung des Namens Marranen, spanisch Marranos, ist dunkel. Es gibt eine Reihe gelehrter Auslegungen, doch keine von ihnen allen wirkt überzeugend, jede einzelne ist zu gelehrt, zu weit geholt, als daß sie mir richtig erscheinen könnte – ich glaube an solche Deutungen nur, wenn sie urkundlich belegt oder, wie die holländischen Geusen[8], die vom Wort le geux, der Bettler, stammen, eindeutig und klar sind. Die Bezeichnung Marranen hat man erst so spät zu deuten versucht, daß der Ursprung nicht mehr zu finden war, es ist also müßig, sich darüber den Kopf zu zerbrechen. Es ist auch nicht so wichtig.

Marranen – das ist jedenfalls ursprünglich ein Schimpfwort gewesen wie die Geusen, das irgendwo lokal entstand und sich schnell verbreitete und oft auch für Schichten der Bevölkerung verwandt wurde, die mit den Juden nichts zu tun hatten, im Gegenteil ihre Feinde waren. In der Geschichte des achtzigjährigen Kriegs, in den Spott- und Kampfliedern dieser Zeit, finden wir, daß die Geusen, unter denen sich manche Marranen befanden, das Wort als Schandbezeichnung gegen die Spanier gebrauchten. Ich habe es als Schimpfwort der Hugenotten in Amerika gegen die Spanier gefunden – Männer, die wir Marranen nennen würden, kämpften dabei auf beiden Seiten.

Das Wort Marranos findet sich, ebenso wie Geusen und Hugenotten, erst sehr spät in den Akten, in den offiziellen Urkunden fast nie. In der ersten marranischen Epoche, von den spanischen Massentaufen 1391 bis zur Vertreibung der Juden aus Spanien 1492, heißen sie stets Conversos – Bekehrte. Seitdem werden sie in Spanien und Portugal immer und ausschließlich Nuevos Christianos – Neuchristen genannt. Hebräisch – unter den Juden – heißen sie Anussin – Zwangsgetaufte. Wir wollen uns hier auf den Gebrauch des Worts Marranen beschränken.

Um die Zeit, da die Marranen als solche Bedeutung gewinnen, da sie in den Akten der spanischen und portugiesischen Archive vorkommen, in den Inquisitionsprotokollen, in den jüdischen Gemeinden in Amsterdam, London, Hamburg, sind sie – was wir nicht vergessen wollen und dürfen – nur teilweise jüdischer Abstammung. Sie waren ja lange Zeit hindurch dem Namen und dem Bekenntnis nach Christen gewesen, oft ein Vierteljahrtausend lang, sie waren zweifellos Generationen hindurch gute und überzeugte Katholiken, sie haben sich in dieser Zeit oft und gern mit altchristlichen Familien vermischt, was ja nicht verboten, sondern erwünscht war – Sie sehen, meine Damen und Herren, unsere Zeit gibt uns ein Wort, das den Begriff Marranen in den wesentlichen Teilen übersetzt: Marranen – das sind Nichtarier.

Natürlich decken sich die Begriffe nicht ganz, das kann ja bei einer zeitlichen Spanne von drei Jahrhunderten nicht anders sein. Aber überlegen wir einmal, was das Wort Marranen umfaßt:

alle Christen, die auf Grund ihrer jüdischen Abstammung verdächtigt oder verfolgt wurden,

alle, die Christen blieben, obwohl ihnen die Tatsache ihrer jüdischen Abstammung vom Vater auf den Sohn oder durch die örtliche Tradition überliefert wurde,

alle, die aus Furcht oder Abscheu vor der Inquisition Juden wurden, gleich, welcher Abstammung sie waren.

So finden wir unter den marranischen Kolonien in den großen atlantischen Häfen: getaufte Juden; die Nachkommen getaufter Juden in der zweiten und dritten, ja, fünften und sechsten Generation; die Kinder aus Mischehen und deren Nachkommen; die nichtjüdischen Gatten marranischer Frauen; ihre altchristlichen Stiefsöhne; Diener altchristlicher Herkunft, die mit ihren Hausherren Juden wurden; und manche altchristlichen Flüchtlinge vor dem Spanier und der Inquisition, die in die jüdischen Gemeinden eintraten, um wieder festen Boden unter den Füßen zu gewinnen. Ja, hinzu kommen zu guter Letzt noch jene oft adligen Familien unter den Marranen, die im letzten Jahrhundert zum zweiten Mal Christen wurden – in Holland und England vor allem – es gibt, wie Sie sehen, meine Damen und Herren, viele Schattierungen unter den Marranen. Für jede einzelne Gruppe gibt es reichlich Beispiele. Und so bunt, so romantisch und abenteuerlich oft genug die Geschichte jeder einzelnen Familie auch gewesen sein wird, es wird sich nicht und nie mehr feststellen lassen, wer nun in jedem Fall die Ahnen waren, wieviel nichtjüdisches Blut in den Adern der heutigen Nachfahren rollt, zumal ja auch das, was vom einzelnen zu seinen Lebzeiten gesagt wird, oft genug falsch ist.

So gilt, um ein Beispiel aus unseren Tagen zu nehmen, der Dichter Hugo von Hofmannsthal, dessen Tod ja noch nicht lange zurückliegt[9], allgemein als Voll- oder Halbjude, seine besten und intimsten Freunde haben das mir gegenüber immer wieder vertreten. Dabei steht fest, daß er nur zu einem Achtel Jude ist, er hatte einen einzigen jüdischen Urgroßvater, um mit den Worten unserer Zeit zu sprechen. Des ungeachtet finden wir ihn überall mindestens als Halbjuden angegeben. Er, der sich, ein frommer Katholik, in der Kutte der Franziskaner begraben ließ, wird allen Tatsachen zum Trotz als Jude in die Literaturgeschichte eingehen. Und kein Historiker wird in einigen Jahrzehnten daran zweifeln – es steht ja überall gedruckt. Mit den Marranen ist es nicht anders, sie hatten, wie ich noch zeigen werde, oft Grund genug, ihre Herkunft im Dunkel zu lassen. Die Vorfahren der Marranen von heute waren Nichtarier – mit dieser Tatsache müssen wir uns begnügen. Ich werde Ihnen später erzählen, warum so oft Genaues nicht festzustellen ist, warum so viel von dem, was die Geschichtsschreiber bisher feststellten, falsch ist.

Nun wollen wir uns die Geschichte der Marranen selbst einmal ansehen – nach neuen Gesichtspunkten. Ich will Ihnen zeigen, daß das religiöse Moment, das in der Literatur und in der Geschichte, bei allen Historikern bisher, die entscheidende Rolle spielt, richtig nebensächlich, oft nur ein Paravent war, hinter dem sich die eigentlichen Momente verbargen: das politische, das wirtschaftliche und das soziologische Moment.

Mit ein paar Worten muß ich, wenn das auch ein wenig langweilig ist – ich bitte Sie, das zu entschuldigen – auf die bisherigen Geschichtsschreiber eingehen, die sich mit der Geschichte der Marranen befaßt haben. Heinrich Graetz, der einzige wahrhaft bedeutende Historiker der Juden, hat das erste große Bild dieser Zeit und ihrer Menschen geschaffen, aber er schuf aus dem Nichts, er hatte nur die jüdischen Quellen zur Verfügung – und er arbeitete, was wir nicht vergessen wollen, vor mehr denn sechzig Jahren, in einer Zeit, die von moderner Geschichtsauffassung noch nichts wußte und in allem von der Sucht nach einer Romantik beseelt war, die uns heute sonderbar, ja komisch erscheinen muß. Doch bis heute ist Graetz noch nicht überholt. Die neuesten und schlechten Bücher über die Marranen, die von Valeriu Marcu[10] und Cecil Roth[11], ruhen ganz auf Graetz. Der Rabbiner Kayserling[12] aus Budapest, der zwei Jahrzehnte nach Graetz eine Reise nach Spanien und Portugal machte und davon ein paar Bücher heimbrachte, hätte besser getan, daheim zu bleiben. Denn was er an Fakten und Berichten veröffentlichte, hat sich inzwischen als falsch, wenn nicht als Fälschung herausgestellt. Professor Dubnow[13], der ja nicht auf eigenen Forschungen fußt, ist in seiner Schilderung der spanischen und marranischen Epoche nicht über Graetz und Kayserling hinausgekommen. Cecil Roth, Dozent in Oxford für jüdische Geschichte, hat 1937 eine ‚History of the Marranos' geschrieben, vor der man nur warnen kann – es ist ein wildes Sammelsurium von Details, die er nicht zu ordnen und nicht zu übersehen vermochte, denen er kritiklos gegenüberstand. Und er hat heute wie der alte Kayserling das Bestreben, das Gute und Schöne für die Juden aus den Tatsachen herauszuholen, wobei die Wahrheit stets zu kurz kommt. Eine Reihe spanischer und portugiesischer Forscher, Archivare und Geistliche meist, haben eine Zahl sehr verdienstvoller Einzelforschungen publiziert, die unentbehrlich sind, ohne daß darin versucht wird, ein Gesamtbild zu schaffen. Der Professor Sombart in Berlin, der jüngst verstorben ist,[14] gab in seinem Buch ›Die Juden und das Wirtschaftsleben‹[15] ein Bild, das auf allen existierenden Irrtümern beruht – ich komme darauf später zurück. Für die Geschichte der Juden in Spanien hat Fritz Jizchak Baer[16] von der Universität Jerusalem in zwei umfangreichen Bänden ein kostbares Urkundenmaterial[17] gesammelt, und er ist just dabei, eine Geschichte der Juden im christlichen Spanien[18] zu verfassen, die – man darf dessen gewiß sein – ein grundlegendes, vorzügliches Werk nach modernen Gesichtspunkten sein wird. Aber er hört da auf, wo ich beginnen will. Die Marranen gehören nicht mehr in seine Arbeit, die mit der Vertreibung der Juden aus Spanien endet.

Mit den Ansichten, die ich hier vor Ihnen vertreten will, stehe ich, soweit ich sehen kann, vorderhand allein. Nicht so sehr, weil andere Leute anderer Ansicht wären. Sondern vielmehr, weil sich bislang noch kein Historiker ernsthaft an die Geschichte der Marranen gemacht hat. Es ist ein schwieriges Feld, auf dem sich die Professoren für jüdische Geschichte nicht gern tummeln. Und dies kommt hinzu: Für den jüdischen Historiker traditioneller orthodoxer Richtung sind die Marranen Leute, die zeitweilig Christen waren – die also nicht eigentlich die jüdische Heldengalerie zieren, die lange Reihe der Dichter, Denker und Dulder. Sie hätten ja von Rechts wegen den Martyrtod der Taufe vorziehen müssen, wie das die deutschen Juden im Zeitalter der Kreuzzüge taten. Und weiter: die Quellen zur Geschichte der Marranen fließen vor allem in den nichtjüdischen Archiven, in den Archiven zu Simancas[19] und Lissabon, in den Archiven der Inquisition, Akten, mit denen sich die jüdischen Historiker bisher ungern befaßten.

Eine Auffassung, die sich mit der meinen in wesentlichen Punkten berührt, hat Sigmund Seeligmann[20], der jüngst verstorbene ausgezeichnete Amsterdamer Forscher und Bibliophile vertreten, – in einem kurzen Aufsatz betonte er 1924 das ökonomische Moment als Motiv der marranischen Wanderung, wobei er die Entstehung der Amsterdamer Gemeinde zur Grundlage seiner Feststellungen nahm. Aber ich bin doch in vieler Hinsicht zu anderen Ergebnissen gekommen wie mein verstorbener Freund Seeligmann, zumal ich das gesamte Marranentum in den verschiedenen Ländern als Basis nehme. Und ich möchte auch die Arbeiten des gleichfalls verschiedenen Vaz Dias[21] und die des Izak Prins[22] zitieren, gründliche Forschungen, die im Rahmen des engen Ziels, das sie sich setzten, viel Material herbeischafften, wenn sie auch das Gesamtbild nur andeutungsweise berühren.

Eine Darstellung der marranischen Historie im Rahmen der gesamtjüdischen Entwicklung und der Weltgeschichte gibt es bisher nicht. Wir bewegen uns auf unbeackertem Feld, im Neuland. Und ich will hauptsächlich von den Dingen sprechen, von denen Sie in den existierenden Geschichtswerken nichts finden, und die mir wichtiger erscheinen als die gute, brave alte Romantik – es war auf Erden nie so schön, wie die Nachwelt stets zu glauben geneigt ist. Ich meine, wir haben, wie wir hier sitzen, in den letzten Jahren mancherlei erlebt und mancherlei gelernt. Ich möchte darum die Geschichte der Marranen als Parallele zur Geschichte unserer Zeit erzählen – es läßt sich daraus vielleicht noch manches lernen, manche Schlußfolgerung, mancher Wechsel auf die Zukunft ziehen.

Und nun, recht spät, will ich mit der Geschichte beginnen.

Ich weiß nicht, ob Sie Spanien kennen, meine Damen und Herren. Ich bin oft dort gewesen. Und recht gern. Es ist ein schönes Land. Ein Land so recht nach dem Herzen des Historikers. Es ist in Europa nämlich das einzige, das der Reisende, ohne die Phantasie viel zu bemühen, noch heute so sehen kann, wie es im ausgehenden Mittelalter war. Es ist dort noch heute nicht viel anders, wenn man von den beiden Großstädten Barcelona und Madrid absieht.

Das Land ist leer, leer an Dörfern und Menschen. Sie fahren von Madrid nach Granada über die kastilische Hochebene, durch die halbe Breite Spaniens, mit dem Auto und treffen in diesen zwölf Stunden auf zwei kleine Städtchen in der Mancha, die just noch so dort liegen wie damals, als der Ritter Don Quijote dort wandelte, und ein halbes Dutzend Dörfer – Dörfer, das sind in Spanien ein paar Lehmhütten, darin ein paar Dutzend Menschen hausen. Selbst die alten Städte Granada, Sevilla, Cordoba sind so verwunschen und verschlafen, wie in den Tagen, da man die Juden daraus vertrieb oder zur Taufe schleppte. In einzelnen Kirchen voll schöner Alabastersäulen finden sich noch unverwischt hebräische und arabische Inschriften als Fresko zum Zeichen, daß das einmal Synagogen und Moscheen waren. Und es fehlt nicht an Überraschungen.

Ich kam nach Cordoba mit meiner Leica und einem nichtjüdischen Freund, der mich plötzlich in die Rippen stieß: Mensch, wo sind wir denn hier? Da spielten Kinder im grellen Sonnenschein, die lachten und schrieen in ihrem spanischen Dialekt – und es waren jüdische Kinder, ganz dieselben Kinder, wie Sie sie einst auf dem Olivaer Platz spielen sahen oder auf dem Waterlooplein. Ich photographierte sie, sie bestürmten mich nach Abzügen, gaben schnell ihre Namen und Adressen – es waren schöne, prunkvolle spanische Namen. Und es waren Judenkinder, vor vierhundertfünfzig Jahren dem Christentum zugeführt und immer noch Juden. Cordoba war einst eine Hochburg der Juden gewesen, die Hälfte der Bevölkerung war jüdisch gewesen. Die Cordobaner wie alle Spanier heiraten nicht nach auswärts, auch heute nicht, die nächste Stadt ist weit entfernt, und bis vor kurzem gab es keine anderen Verkehrsmittel als Pferd und Wagen. Man blieb und heiratete unter sich, im Stadtviertel, man wohnte wie einst um die einstige Synagoge, die nun seit vierhundert Jahren eine Kirche war, wie die Moriscos, die Nachkommen der Mauren, rings um die Mesquita wohnten, die zur Kirche gewordene Moschee. Und wenn auch hin und wieder ein Tropfen fremdes Blut dazwischenfloß – was ich da sah, waren marranische Kinder, jüdische Kinder – kein Zweifel.

In Toledo war es ebenso. Rings um die Kirchen El Transitú und Santa Maria la Blanca, die ehemaligen Synagogen[23], wohnen Marranen. Die Küster der beiden Kirchen betonten gar ihre jüdische Abkunft, aber ich fürchte, das beruhte nicht so sehr auf Tatsachen als auf dem zu erwartenden Trinkgeld – es kamen manche Juden dorthin, stehen doch die beiden früheren Synagogen im Bädeker.

Als ich das nächste Mal nach Spanien kam, hatte ich mir die Orte gemerkt, die einst Sitze jüdischer Kultur waren, und in denen die Juden wohnten, als man sie vertrieb und taufte, und dort, nur dort, zeigten die Menschen jüdischen Typ, den unverkennbaren Typ, die Nase, die Augen – unverändert durch die Jahrhunderte. Ich sprach oft mit ihnen – sie waren allesamt gute Katholiken und wußten es nicht anders. Sie haben aber gewiß nicht mehr und nicht minder jüdisches Blut in den Adern wie die Mitglieder der sefardischen Gemeinden zu Amsterdam und Saloniki, zu Tetuan in Afrika und zu Paramaribo[24] in der neuen Welt – sie wissen nur nichts mehr davon. Aber schließlich – auch die hiesigen Portugiesen ahnen kaum, wie lange Jahre ihre Vorfahren einst Christen gewesen sind – sie haben ja nicht das geringste Interesse an ihrer Vergangenheit.

So ist das bei den kleinen Leuten. Familien mit einer gewissen Bildung und Tradition wissen ein wenig mehr. Als ich 1931 den Kultusminister der neugeschaffenen spanischen Republik sprach, Sr. de los Rios[25], wies er mit Stolz darauf hin, daß er marranischer Abkunft sei. Und ebenso der Ministerpräsident Alcala Zamora[26] und ebenso der Finanzminister Maura[27]. Bei vollem Bewußtsein ihrer Abstammung aber waren sie gute Katholiken, und sie gedachten das zu bleiben. Von jüdischen Dingen wußten die drei Minister nichts. Nur das Faktum war ihnen bewußt, hatte sich durch die Generationen erhalten – und nichts sonst.

Kein anderes Land Europas ist solch ein Schmelztiegel der Rassen gewesen wie Spanien. Von der Urbevölkerung lebt noch ein Rest, die Basken in den Nordprovinzen. Die Iberer, die von Afrika kamen, drängten sie nach

Norden und wurden ihrerseits von den Kelten vertrieben, bis sich diese beiden Rassen vermischten. Dann erschienen die Phönizier an den Küsten, ihre Kolonien wurden nach dem Fall Karthagos von den Römern vernichtet, aus den Keltiberern, Puniern und Römern entstand eine neue Rasse, die die heutige Sprache schuf. Die Völkerwanderung trieb germanische Stämme ins Land, die Wandalen wanderten weiter nach Afrika, die Westgoten blieben und regierten das Land, bis 711 die Araber von Afrika übersetzten. Selbst die arabischen Wellen, die nacheinander Spanien bevölkerten, sind ganz verschiedener Herkunft. Da waren Berberstämme aus Nordafrika, ägyptische Heeresgruppen und Araber aus den Wüsten der Halbinsel. Mehr als ein Dutzend völlig heterogener Elemente – das ist viel, wenn wir bedenken, daß an der Schaffung der westeuropäischen Völker meist nur zwei, drei Gruppen beteiligt waren.

Wann die Juden nach Spanien kamen, wissen wir nicht genau – sie waren jedenfalls schon früh dort, sie kamen wohl schon mit den stammverwandten Phöniziern. In den ersten Jahrhunderten unserer Zeitrechnung gab es jedenfalls schon jüdische Gemeinden in den Hafenstädten. Ich will hier nicht auf die bunte Geschichte der Juden in Spanien eingehen – sie haben in allen Teilen des Lands – unter der maurischen wie unter der christlichen Herrschaft – Zeiten höchster Blüte und hartnäckiger Verfolgung erlebt. Sie dienten den Landesherren als Minister, Steuerpächter, Ärzte, sie waren Kaufleute wie überall, aber auch Bauern und Soldaten. Sie kämpften mit den Mauren gegen die Christen und mit den Christen gegen die Mauren – sie hatten es, weithin gesehen, dort besser als in den meisten anderen Ländern.

Denn in einem Land, wo sich zwei beinahe gleich starke Völker, Rassen und Religionen bekämpfen, ist die dritte, kleinere Gruppe das Zünglein an der Waage. Man bedrückte die Juden nicht allzusehr, damit sie nicht zum Gegner hielten. Sie waren eine Minderheit, aber eine zahlenmäßig starke, an deren Gunst den kriegsführenden

Parteien gelegen war, solang der Krieg zwischen Christen und Mauren noch nicht entschieden war.

Das Land war in viele kleine Fürstentümer geteilt. Da waren die christlichen Königreiche Kastilien, Leon, Aragonien, Navarra und Portugal, da waren die sarazenischen Kalifate in Cordoba, Sevilla, Granada, Murcia. In jedem einzelnen Reich gab es Juden in allen Schichten der Bevölkerung. Und die Bevölkerung war bunt gemischt. Da gab es, sehr zahlreich und wenig angesehen, Christen, die zum Islam übergetreten waren, als das Land an die Araber fiel, die Muladies. Dann die Mozaraber, die christlicher Abkunft als Christen unter den Arabern lebten. Dann wieder Mauren, die ungetauft unter christlicher Herrschaft lebten, die Mudejares. Und ein weiteres Dutzend ähnlicher Gruppen. Es gab christliche Ritter, die mit den Mauren gegen die christlichen Könige kämpften und arabische Heerführer im Dienst der christlichen Könige.

Es gab in diesen Reichen keine leitenden Grundsätze, man kämpfte unter der Fahne der Religion, und die Religion war dabei nicht sehr wichtig. Es ging allein darum, Land zu erobern. Die Juden waren eine Volksgruppe wie so viele andere im Land.

Das änderte sich mählich mit dem Schwinden der maurischen Macht. Als die christlichen Könige zwei Drittel und mehr vom Land in Besitz hatten, gingen sie daran, ein Programm zu verwirklichen: das alte, ewige nationalistische Programm: ein Staat, ein Volk, eine Kirche. Sie begannen mit der Verwirklichung, als die maurischen Reiche so schwach geworden waren, daß sie an Repressalien, an Gegenmaßnahmen nicht mehr zu denken vermochten. Die Kirche, die zu allen Zeiten bestrebt war, Proselyten zu machen, erhielt von Mal zu Mal mehr freie Hand.

Im Jahre 1371 verfügte der König von Kastilien, daß Juden und Mauren unter seiner Herrschaft als Zeichen einen roten Ring auf der linken Schulter zu tragen hätten. Zwar scheint das in der Praxis nicht durchgeführt zu sein, doch folgten viele andere Verordnungen, die den Juden und Mauren das Leben wirtschaftlich erschwerten. Sie konnten sich alle dem entziehen, wenn sie die Taufe nahmen. Doch das geschah kaum je.

Doch schon zwanzig Jahre darauf, 1391, wurden die Juden in Sevilla, bald darauf in vielen anderen Städten, von wilden Pöbelhaufen unter der Führung von Priestern vor die Wahl Tod oder Taufe gestellt. Es gab viele Tote, doch weit mehr Getaufte. Hunderttausende von Juden sind damals Christen geworden, die Judenschaften ganzer Städte traten geschlossen über.

Weitere zwanzig Jahre darauf hielt der Papst Benedikt[28] in Tortosa die berühmte große Disputation um den rechten Glauben, auf der die nun zu eifrigen Christen gewordenen Führer der getauften Gemeinden mit den Rabbinern der Treugebliebenen stritten. In 79 Sitzungen, während 21 Monaten hielten die Juden stand, verteidigten sie, was ihnen heilig und unverbrüchlich war. Aber 21 Monate lang ging die Angst durch das Land, hörten die Juden in den Ghettos, in den Juderias, die Drohungen der Geistlichen und des Papsts, hörten sie die Versprechungen für alle, die zum christlichen Glauben überträten, spürten sie mehr und mehr die Hoffnungslosigkeit ihrer Situation. Und wieder fielen Zehntausende ab, die sich und ihren Kindern Ruhe und Frieden schaffen wollten.

Die Zahlen über die Bevölkerung jener Zeit sind vage, aber man darf annehmen, daß es nach der Disputation von Tortosa in Spanien beinahe ebensoviel Conversos, Getaufte, gab wie Juden, die ihrem Glauben treugeblieben waren.

Das Spanien der hundert Jahre, die nun folgten, ist die Heimat der Menschen, die wir Marranen nennen.

Bisher war die soziologische Schichtung im Land ganz simpel gewesen: Auf der einen Seite standen die Privilegierten: Adel und Klerus. Auf der anderen waren die großen Massen der Bauern. Dazwischen gab es die Juden als den Mittelstand.

Künftighin gab es vier Schichten – die Marranen waren hinzugekommen.

Auch jetzt noch waren die Juden ein wichtiger Volksteil: sie waren Kaufleute, Händler und Handwerker vor allem. Von den akademischen Berufen aber, von den großen Geschäften blieben sie ausgeschlossen. Dafür sorgte der Klerus, der nicht abließ, sie zu schikanieren, damit sie ins Christentum flüchteten. Und außerdem: man brauchte die Ungetauften nicht mehr so dringlich für Künste, die nur Juden verstanden – die Getauften, die Marranen verstanden sich ja auch darauf. Den Marranen standen alle Wege offen, alle Berufe, jede Karriere. Die Juden mußten im Ghetto, in den Juderias wohnen – die Marranen konnten hausen, wo es ihnen beliebte, umgehen, mit wem es ihnen paßte, speisen, mit wem sie wollten. Sie wurden Richter, Offiziere, Bürgermeister, sie heirateten in den Adel, sie sicherten sich ihren Anteil an den fetten geistlichen Pfründen. Die große Menge der Marranen blieb, was sie vorher war, Spaniens Mittelstand. Aber sie hatten nun ganz andere Möglichkeiten, waren in ihrem Tun und Lassen unbeschränkt. Sie wurden reich.

Binnen weniger Jahre war in Spanien eine neue soziologische Schichtung sichtbar: die Juden, die Juden geblieben waren, bildeten das Kleinbürgertum im Land, sie standen in den Läden, handelten über Land, waren Schuster, Schneider, Fleischer. Die Marranen waren der gehobene Mittelstand, die upper middle class, wie man in England sagt: sie stellten die Akademiker, die großen Geschäftsleute, Bankiers und Reeder, sie waren die Heereslieferanten und gewannen Raum in der hohen Beamtenschaft.

Sie hätten nun, sollte man meinen, glücklich, unbeschwert und unbekümmert sein, einer sicheren Zukunft getrost und fröhlich entgegensehen können. Aber so einfach war das nicht.

Da waren Widerstände, innerlich und äußerlich.

Gewiß, die Marranen waren nun Christen, sie hatten

getan, was man von ihnen wollte. Sie hatten ihr Judentum abgestreift und wünschten nun freund zu sein mit den anderen, mit den Spaniern, mit den neuen Glaubensgenossen, mit jedermann.

Und fanden, daß sie alle Welt gegen sich hatten.

Beamte und Akademiker stellten verärgert fest, daß die Marranen, zahlreich, vermögend, intelligent, strebsam, ihnen ihre Sinekuren nahmen. Ärzte, Anwälte, Richter sahen sich verdrängt, in einen Wettbewerb getrieben, der ihnen nicht lag, den sie nicht gewohnt waren, den man in Spanien bisher nicht kannte. Der christliche Mittelstand in einigen privilegierten, den Juden versperrten Berufen sah sich auf einmal von der gehaßten jüdischen Konkurrenz bedrängt, mochte sie nun auch ein christliches Mäntelchen tragen. Das Proletariat in Stadt und Land fand plötzlich einen neuen Stand zwischen sich und dem Adel, einen Stand, der nach oben drängte, überall Grundbesitz erwarb, durch sein Dazwischentreten die Massen weiter nach unten drückte – die Bauern wollten nicht die Hörigen von Menschen werden, die sie gestern noch als Ungläubige und Feinde Christi über die Achsel angesehen hatten. Und die geistlichen Herren waren böse. Marranen wurden Pröbste und Kanonici in einem Umfang, der auch uns heute verblüffen muß, Dutzende von Bischofssitzen waren in wenigen Jahrzehnten von Marranen besetzt. Da waren Täuflinge von 1391, bei denen der Vater, die Söhne und die Enkel schon zur Zeit der großen Disputation den Krummstab führten.

Die braven altchristlichen Geistlichen, die sich bereits auf die guten Posten gespitzt hatten, gifteten sich. Denn so erfreulich die Taufe eines Juden auch immer war, so konnte es doch nicht Gottes Wille sein, daß dadurch seine treuen Diener um ihre Einkünfte, gute Christen um ihr Brot kamen. Und feind waren den Marranen natürlich alle, die Juden geblieben waren und nun in ihnen die Abtrünnigen sahen, Kerls, die für ihre schlechte Tat auch noch mit irdischen Erfolgen gesegnet waren.

Sie haben schon gesehen, meine Damen und Herren – die Situation der Marranen im fünfzehnten Jahrhundert hat eine erstaunliche und verblüffende Ähnlichkeit mit der der emanzipierten und assimilierten Judenschaft in Mitteleuropa vierhundert Jahre später. Es sind fast dieselben Argumente, die man vor hundert Jahren bis in unsere Tage gegen die Juden erhob.

Die Marranen waren zu allen Ehren des Lebens zugelassen, sie griffen mit fester Hand danach, wollten sich gern und freudig assimilieren. Und gingen dabei in einem Tempo vor, das die Umwelt bestürzte, verärgerte, in Wut und Haß brachte.

Und damals wie heute begriffen sie das nicht, sie merkten es gar nicht einmal. Sie wußten das Recht und die Paragraphen auf ihrer Seite, sie klammerten sich daran. Mählich wuchs der Haß. Ja, es war in Spanien noch böser als später in Mitteleuropa. Denn während man hier den neuen Vollbürgern jüdischen Stamms geistig und wirtschaftlich gewachsen war, war der Spanier hilflos. Denn Spanien war nie ein Land der Arbeit, der Hidalgo verachtete den Kampf ums tägliche Brot, er war lässig, stolz, genügsam, langsam – die Marranen waren das alles nicht.

Sie kamen aus dem Ghetto und drängten nun zu allen Freuden und Ehren, sie dachten nicht daran, sich liebenswert zu zeigen. Sie verachteten den ungebildeten Hidalgo[29], der außer seinem Schwert, seinem durchlöcherten Mantel und seinem Stammbaum nichts auf Erden besaß, meist nicht einmal lesen und schreiben konnte. Sie verstanden es, Geld zu verdienen, Geschäfte auf große Sicht zu planen. Sie trieben großen Aufwand, wußten sich und ihre Frauen zu kleiden – sie waren zu neu in der christlichen Gesellschaft und zeigten nicht immer den wünschenswerten Takt.

Sie zeigten, möchte man sagen, allzuviel Unbekümmertheit, ja, Übermut. Und gaben den Gegnern eine Blöße. Sie nahmen ihr Christentum nicht ernst. Und machten kein Hehl daraus.

Nun war das ja menschlich begreiflich. Sie hatten nach dem Kreuz nur gegriffen, um nicht ermordet zu werden, es war nicht die Religion ihrer Väter und nicht die Religion ihrer Wahl. Aber sie waren nun einmal Christen und hätten wissen müssen, daß man von den neuen Bekennern mehr als das bloße Bekenntnis erwartete. Und daß man nur darauf lauerte, sie wieder Juden, ja, schlimmer noch, sie Abtrünnige zu nennen.

Gewiß, nicht alle verhielten sich so. Es gab unter den Marranen zwei Flügel und ein Zentrum. Die einen überpurzelten sich im Eifer für den neuen Glauben, tobten gegen die Juden, die noch immer bei dem Gesetz Moses und den Speisebestimmungen verharrten – das waren vor allem die neuen geistlichen Herren. Aber zahlreicher waren die anderen, die Skeptiker, die nun, da man sie von einer Religion in die andere gezwungen hatte, an keine mehr glaubten. Und da war die große Menge derer, denen über den Geschäften und der Karriere alles gleichgültig war.

Wir dürfen ja nicht vergessen, daß jeder dieser Marranen unter den Märtyrern von 1391 Väter und Vettern, daß sie überall in den Juderias unter den Frommen noch nahe Familienangehörige hatten. Und Juden geben solche Blutsbande nicht leicht auf. Da waren noch die alten gesellschaftlichen und wirtschaftlichen Beziehungen, die nicht so leicht rissen und nicht einmal reißen sollten. Und da war natürlich nicht minder der Haß und die Verachtung der Treugebliebenen gegen die Abtrünnigen, denen diese wieder den Haß und die Verachtung der Reichgewordenen, Emporgekommenen entgegensetzten.

Die Marranen hatten niemand, auf den sie sich verlassen konnten. Und wenn wir heute die Akten und Urkunden der Zeit durchstöbern, finden wir soviel absonderliche Dinge, daß man sich wundert, wie es ein Jahrhundert lang gut gehen konnte.

Die Massentaufen hatten die wirtschaftlichen und soziologischen Grundlagen des Lands, wie sie seit einem

Jahrtausend bestanden, jäh und gründlich verschoben – das litt der allzeit konservative Spanier nicht. Er hatte die Folgen nicht übersehen, er fühlte sich übertölpelt.

Einstmals war der Getaufte in der christlichen Gesellschaft willkommen und gleichberechtigt gewesen – alles stand ihm offen. Aber es waren immer nur ganz wenige und stets kleine Leute gewesen, ohne Aussicht auf gesellschaftliche Karriere. Das war am spanischen Leben vorübergegangen. Nun aber waren ganze Judenschaften übergetreten, in Palma de Mallorca und Barcelona alle bis auf den letzten Mann. In Valencia hatten sich die Überlebenden nach dem großen Blutbad so in die Kirchen gedrängt, daß das geweihte Wasser ausging, das sich dann allerdings durch ein Wunder selbst ergänzte. In Aragonien waren es mehr als hunderttausend und in Kastilien gewiß mehr – das sind gewaltige Zahlen in dem allzeit dünnbevölkerten Land gegen Ausgang des Mittelalters.

Nun waren Handel und Wandel erschüttert. Die Einnahmen der Krone, der Kirche und der Großgrundbesitzer gingen sprunghaft zurück, bezahlten doch die Bekehrten keine Judensteuern mehr!

So dachten die Großen im Land. Die Massen dachten primitiver, wenn sie sagten: Haben wir darum die Juden ausgerottet, damit sie als Marranen glorreicher als je wiederauferstehen? Und die Priester hetzten gegen die schlechten Christen, die in ihrem Innern das Evangelium verlachten, im Herzen immer noch Juden seien.

Um die Mitte des fünfzehnten Jahrhunderts war die Situation der Marranen gefährlich geworden, sie ahnten es nicht. Es war noch die erste und die zweite Generation der Getauften.

Sie hatten um sich den Haß und die Verachtung der ehemaligen Glaubensbrüder, den Zorn der Christen gegen die halben Christen, Skeptiker, Freidenker, die Wut aller Stände gegen die Emporkömmlinge, Karrieremacher und Konkurrenten.

Sie hatten dem nicht viel entgegenzusetzen. Es fehlte ihnen jede geistige Grundlage, eine Idee, ein Programm. Sie waren der alten Lehre entfremdet, waren in die neue nicht eingedrungen, sie waren eine eigene Gruppe im Volksleben und wollten es nicht sein – wir wissen heute nur zu genau, wie wenig die Dinge, welche die Marranen errungen hatten, in kritischen Augenblicken wert sind: der Reichtum, den man ihnen wieder nehmen kann. Verbindungen und Verbrüderungen, die versagen, wenn es darauf ankommt. Hohe Posten und Ämter, aus denen man sie jagt, mochten sie selbst sich auch für noch so unentbehrlich halten.

Es fehlte den Marranen an allem, was ihnen hätte Halt geben können: an einer großen und guten Idee, um die sie sich hätten scharen können, an Führern, welche Autorität hatten und die Lage übersahen, an Würde, Rückgrat und Haltung, um die verlorenen Sympathien zurückzugewinnen.

Sie hatten kein Fundament, sie hingen in der Luft – die Lage mußte zur Katastrophe führen.

Zweiter Teil

Meine Damen und Herren,

wenn wir die Geschichte der Juden auf weite Sicht betrachten, so finden wir, daß die großen Zäsuren stets durch einen Exodus, durch einen Auszug der Juden, geschlagen werden. Ein Abschnitt der jüdischen Geschichte endet und ein neuer beginnt abrupt, ohne Übergang.

Die Haggadah, die wir am Seder-Abend[30] lesen, ist dafür der symbolische Bericht. Mit dem Auszug aus Ägypten schließt die prähistorische, die legendäre Zeit, die Juden treten in die Geschichte ein. Mit dem Fall Jerusalems endet der jüdische Staat, endet die Einheit von Volk und Land – die Juden verbreiten sich – die erste Diaspora – über die Randländer des Mittelmeers. Die Vertreibung der Juden aus Spanien setzt den Schlußstrich hinter die erste große Epoche jüdischer Blüte und Kultur im Galuth, das Mittelalter ist zu Ende, die Neuzeit beginnt, nicht umsonst fällt die Entdeckung Amerikas in das gleiche Jahr 1492. Und diese Neuzeit hat 1933 ihr Ende gefunden, das geistige Zentrum der Juden hat sich von Mitteleuropa weg verschoben – wohin, wissen wir noch nicht, nach Amerika vielleicht oder nach Erez Israel. Jede der vier Epochen zwischen den großen Wanderungen – dem Auszug aus Ägypten, dem Auszug aus Jerusalem, dem Auszug aus Spanien und dem Auszug aus Deutschland – hatte ihr eigenes Leben, ihre eigene Zielsetzung, ihr eigenes Heldentum, ihren eigenen geistigen Mittelpunkt.

Die Geschichte der Marranen, die Zeit ihrer Helden und Märtyrer, deckt die letzten hundert Jahre der dritten Epoche, des Mittelalters. Die Geschichte der deutschen Assimilation, ihres Aufstiegs und ihres Niedergangs, umfaßt gleichfalls rund hundert Jahre, das letzte Säculum der Neuzeit. Es beginnt beide Male damit, daß sich das

Tor der Judenstadt weit auftut, die Juden herausströmen zu allen weltlichen Ehren und Würden – es läßt sich alles viele Jahrzehnte wunderschön an, es sieht lange Zeit so aus, als ob die vergangenen dunklen Jahre nie wiederkehren könnten, die zahlreichen Warnungszeichen werden übersehen, dann kommt jäh der Umschwung, und ehe sich die Juden seiner bewußt sind, ist die Katastrophe da – damals wie heute[31].

Die Marranen – lassen Sie mich das noch einmal wiederholen – sind die Nachkommen jener Juden in Spanien, die in den Jahren von 1391 bis 1497 zwangsweise dem Christentum zugeführt wurden und in diesem Jahrhundert eine eigene soziologische Schicht im Land bildeten, das, was wir heute den gehobenen Mittelstand nennen würden. Mit den ihrem Glauben treugebliebenen Juden, die nun das Kleinbürgertum darstellten, standen sie schlecht, wenn auch die beruflichen, wirtschaftlichen und familiären Bande zwischen dem Ghetto und den Getauften, den Neuchristen, beileibe nicht abgebrochen waren. Die Altchristen im Land – und unter ihnen vor allem die Städter und die Geistlichen – hatten in ihrer Begeisterung für die neugewonnenen Glaubensbrüder schnell nachgelassen, sie sahen in ihnen bald nur noch die scharfen und erfolgreichen Konkurrenten im Kampf ums tägliche Brot und glaubten – gewiß vielfach mit Recht – nicht an die Ehrlichkeit der neuen, allzu neuen Bekenner Christi in allen religiösen Dingen.

Ein halbes Jahrhundert lang blieb dennoch alles ruhig. Die Spanier trauten sich nicht, Einwendungen gegen eine Entwicklung zu machen, die doch von Gott gewollt war, die einen Gewinn Gottes auf Erden bedeutete. Mählich und ohne merklichen Widerstand gelangten die Marranen in die Ämter, die ihnen nun, nach der Taufe, ausnahmslos offenstanden, sie wurden Richter, Offiziere, hohe Geistliche, sie erwarben weithin Grundbesitz. Aber sie behielten auch die ihnen von den Vätern überkommenen Posten, sie waren, wie einst als Juden, vor allem die Steuereinnehmer der Könige, sie blieben Bankiers und Kaufleute, nur daß ihre Geschäfte jetzt, da es für sie keine Hemmungen mehr gab, ganz andere Ausmaße annahmen. Sie ehelichten untereinander, nie mit Juden, nicht oft mit den christlichen Bürgern, aber sie gaben ihre Töchter gern dem Adel, und die Edelleute nahmen gern die Töchter reicher Marranen zur Frau. Schon in der zweiten marranischen Generation waren Marranen und Adel derart miteinander versippt, daß kein spanischer Grande und keiner vom niederen Adel mehr ohne marranische Verwandte war.

Erst 1449 kam es zum ersten Zusammenstoß zwischen Alt- und Neuchristen. Art und Anlaß waren charakteristisch für die Situation, wie sie war und wie sie sich entwickeln sollte. Der Kanzler von Kastilien forderte von der Stadt Toledo für Zwecke der Landesverteidigung eine Million Maravedi[32]. Die Stadträte weigerten sich. Darauf erhielten die königlichen Steuereinnehmer, meist Marranen, den Befehl, das Geld zwangsweise beizutreiben. Da fielen die Bürger über die Marranen und ihre Häuser her, es kam zu wilden Straßenkämpfen, wobei viele Marranen das Leben ließen. Die Stadt Toledo erklärte daraufhin alle Marranen für unfähig zur Bekleidung öffentlicher Ämter. In der Urkunde, die noch zu Toledo im Stadtarchiv liegt, wird für diese Maßnahme eine lange Reihe von Gründen angegeben – von den eigentlichen Ursachen und selbst vom Anlaß ist darin bezeichnenderweise nicht die Rede.

Es wird da vielmehr angegeben,

daß die Marranen ihre Söhne beschneiden ließen,

daß die Marranen im heiligen Sakrament nichts als eine Zeremonie sähen,

daß sie Leuchter in den Synagogen der Juden hätten und Öl dafür schickten,

daß sie den Sabbat wie die Juden und nie den Sonntag beobachteten,

daß sie den Eid nach der Art der Juden leisteten,

daß sie in Augenblicken der Gefahr nicht Christus und die heilige Jungfrau anriefen, sondern Adonay[33], daß sie die Toten mit jüdischen Bräuchen bestatteten,

daß sie ihre Kinder in die Synagogen schickten, damit sie dort lernten,

und so weiter – insgesamt 25 Punkte, die den Marranen vorgeworfen wurden, um damit ihr Ketzertum zu begründen und eine Verfügung, in der es allein darum ging, die Marranen aus den Ämtern zu jagen, sie zu Bürgern zweiten Rangs zu machen.

Aber in der gleichen Mappe des Stadtarchivs zu Toledo finden wir aus demselben Jahr 1449 eine Bulle des Papstes Nikolaus V.[34], darin es heißt, es sei ihm gemeldet worden, daß die Conversos in den Königreichen Kastilien und Leon vielfach nicht ad honores, dignitates, officia, zu Ehren, Ämtern und Würden zugelassen seien. Er weist darauf hin und bezieht sich dabei auf die Verfügungen der kastilischen Könige, daß zwischen Alt- und Neuchristen kein Unterschied in weltlichen und geistlichen Fragen gemacht werden dürfe.[35]

Damit gewannen die Marranen ihre Rechte und ihre Stellung zurück, ja, sie scheinen in derselben Stadt Toledo bald sogar die Vorherrschaft im Stadtrat erreicht zu haben. Sodaß es achtzehn Jahre später, 1467, in der Kathedrale zu einem neuen blutigen Kampf zwischen Alt- und Neuchristen kam, wobei 130 Marranen das Leben ließen. Und diesmal erließ der neue König seinerseits eine Verfügung, welche die Marranen für alle Zeiten aus allen öffentlichen Ämtern der Stadt Toledo verwies.

Das Auf und Ab der marranischen Stellung im spanischen Leben jener hundert Jahre ist leider für die einzelnen Städte und Bezirke nur unvollkommen zu verfolgen. Die Archive, die ich besucht habe, sind bis vor wenigen Jahren in einem trostlosen Zustand gewesen, niemand hat sich für ihre Erhaltung interessiert, sie sind in einem unvorstellbaren Maß verwahrlost worden – was in den letzten Jahren dort oberflächlich geordnet wurde, sind nur noch Reste. Napoleon nahm mehrere tausend Kisten mit nach Paris, als Kriegsbeute, und wenn auch ein Teil nach seinem Fall zurückkam und jetzt im Archiv zu Simancas liegt, so befindet sich doch ein beträchtlicher Teil auch heute noch in der Bibliothèque Nationale an der rue Richelieu. Ich habe Akten gefunden, in zwei Teile zerrissen, die eine Hälfte in Paris, die andere in Simancas. Antiquare haben im vorigen Jahrhundert aus den Archiven, besonders den kleineren, weggeschleppt, was ihnen gefiel, und so habe ich selbst noch 1931 bei einem Trödler in Zaragoza eine Kiste voll erwerben können. Wir müssen uns also damit begnügen, aus dem, was erhalten und geordnet und publiziert ist und aus den Chroniken der spanischen Hofhistoriographen, die jeweils zu Lob und Ehre des Königs abgefaßt sind, die Fakten festzustellen, daraus ein Bild zu formen.

Die jüdischen Historiker, Graetz und Dubnow und ihre Schüler, haben das Bild durch einen grundlegenden Irrtum verwischt: sie haben die Juden und Marranen jener Zeit bei ihrer Darstellung in einen Topf geworfen, haben sie in eine Front gestellt. Die beiden Gruppen waren aber nie beisammen, hatten nie gemeinsame Interessen, wurden nie, auch von ihren Feinden nicht, als eins gerechnet – nur eine saubere Scheidung läßt einen nüchternen Blick auf die Sachlage zu. Wenn es bei den Kämpfen gegen die Juden ging, standen die Marranen – weil ihnen das Hemd näher schien als der Rock – oft genug auf Seiten ihrer Feinde. Und die Marranen mußten sich nicht selten gegen Vorwürfe verteidigen, die zweifellos aus Kreisen der glaubenstreu gebliebenen Juden stammten. Es ist gewiß richtig – und dieser Umstand hat die jüdischen Historiker zu ihrem Wirrwarr verleitet – Juden und Marranen hatten dieselben Gegner. Aber in einer gemeinsamen Front gegen die gemeinsamen Feinde finden wir Marranen und Juden nie – die Tatsache, daß sich getaufte und ungetaufte Vettern zu gemeinsamen Familienfeiern und noch öfter zu gemeinsamen Geschäften fanden, bleibt davon ganz unberührt.

Als Isabel von Kastilien[36] und ihr Gatte Fernando der Katholische[37] an die Regierung kamen, Spanien durch diese Personalunion ein einheitliches Land wurde, wurde die Lage der Marranen schwieriger. Nicht gleich – beide Fürsten waren Marranen zu großem Dank verpflichtet. Und sie haben gewiß nicht gewußt, wie folgenschwer es war, daß sie den Papst um Gründung eines Inquisitions-Tribunals für ihre Länder baten. Auch der Papst war sich dessen nicht bewußt. Die Bulle datiert vom 1. November 1478. Nachdem der Papst darin darauf hinwies, daß es in Spanien zahlreiche falsche und unaufrichtige Christen gebe, gegen die Fernando und Isabel seine Hilfe angerufen hätten, gestattete er, daß die Krone drei Bischöfe oder sonst geeignete Männer, Welt- oder Ordenspriester, im Alter von über vierzig Jahren, Magister oder Baccalaurei der Theologie oder Doctoren oder Lizentiaten des kanonischen Rechts, zu Inquisitoren ernenne, sie versetze und abberufe. Ihnen wird die Gerichtsbarkeit über Ketzer, deren Helfershelfer und Beschützer übergeben.

Der Papst Sixtus IV.[38] hat später diese Bulle widerrufen, er hat erklärt, sie sei eine übereilte Handlung gewesen, die den Erlassen seiner Vorgänger und allen Bräuchen widerspreche. Aber das bezog sich zweifellos nicht so sehr auf ihren Inhalt, als auf das unumschränkte Ernennungsrecht der Krone und manche Einzelheiten, die den Einfluß der Kirche beschränkten. Das Königspaar nahm darum auch von diesem Widerruf keine Notiz – die Inquisition begann mit ihrer Tätigkeit.

Sie alle, die Sie die gebräuchlichen jüdischen Geschichtswerke gelesen haben, sind wohl unter dem Eindruck, als ob es sich bei Einsetzung der Inquisition um eine antisemitische Maßnahme gehandelt habe – Dubnow gebraucht sogar diesen Terminus. Aber das ist nicht so, – wir müssen schließlich, um zu urteilen, uns in die Auffassung, in das Denken und in die Logik jener Zeit zurückversetzen.

Die Juden, die ja – an Zahl den Marranen gleich oder gar überlegen – in den Juderias lebten, wurden durch diese Bulle und das Auftreten der Inquisition überhaupt nicht betroffen – die Säuberung des Lands von Häretikern war eine ausschließlich innerchristliche Angelegenheit. Juden fielen erst nach 1492 unter die Gerichtsbarkeit der Inquisition, als ihnen das Land generell verboten war und sie nur unter christlicher Maske über die Grenzen kommen konnten. Diese Bulle wandte sich nur gegen die Marranen, das Wort Jude kommt in dem langen Text nicht vor. Daß die Marranen zwangsweise dem Christentum zugeführt waren, war ein Argument, das die Kirche nicht zur Kenntnis nahm. In ihren Augen waren die Marranen Christen wie alle anderen, also hatten sie sich als solche aufzuführen, wollten sie nicht als Ketzer, als Abtrünnige, als Schänder des christlichen Namens angesehen werden.

An sich brauchte die Inquisition auch den Marranen nicht gefährlich zu sein, wenn sie sich den Bräuchen guter Christen fügten – das war wenigstens dem Buchstaben nach so. Aber die Marranen, das waren ja nicht einzelne, von denen jeder nach seiner Art handeln konnte, das war ja nicht nur eine Gruppe zum Christentum bekehrter Menschen, sondern – und das war wichtiger! – eine geschlossene, starke und einheitliche Volksgruppe, ein eigener Stand. Es hätte alles gut und schön sein können, wenn alle Marranen innerlich entschlossen gewesen wären, im spanischen Wesen, in dem soeben entstandenen katholischen Einheitsstaat Fernandos und Isabels aufzugehen – bedingungslos, ohne alle Einschränkung.

Aber das wollten viele nicht – das wollten sie so wenig wie die emanzipierten mitteleuropäischen Juden im 19. Jahrhundert. Sie wollten in der Assimilation bis zu einer gewissen Grenze gehen – aber nicht weiter. Ebenso wie die deutschen Juden der liberalen Ära bei uneingeschränktem Bekenntnis zum Staat von 1870 nicht daran dachten, ihre Religion aufzugeben und ihre traditionellen Bräuche, nur unter sich heirateten, so weigerten sich die Marranen, sich von den Sitten ihrer Väter loszusagen, spanische Bürgermädchen zu ehelichen, im spanisch-christlichen Volkstum aufzugehen.

Gewiß – es gab in beiden Fällen einzelne, die bereit waren, alles aufzugeben. Aber die großen Massen, die in ihrem eigenen Milieu lebten, blieben der Tradition treu. Und in Spanien kam manches hinzu: Der Jahrtausende alte jüdische Trotz, wenn Zwang und Gewalt im Spiel waren, der noch nicht verharschte Zorn und Schmerz über das Blutbad von 1391, noch waren die Toten nicht vergessen und nicht die Todesdrohungen, mit denen man sie unter das Kreuz gezwungen hatte. Und manches andere darf nicht übersehen werden: Die Älteren waren noch im jüdischen Glauben geboren, die Beschneidung hatte ihre symbolische Bedeutung als Zeichen der Zugehörigkeit zum jüdischen Volk nicht eingebüßt. Trotz, uralte Tradition, das ungebrochene Milieu und nicht zuletzt auch der abergläubische Sinn dieser Zeit hatten die Alten veranlaßt, die überkommenen jüdischen Lehren ihren Kindern weiterzugeben. Die nächsten Blutsverwandten wohnten noch im Ghetto ungetauft – bei jedem Besuch, den die Kinder den Großeltern, den Onkeln und Tanten machten, sahen sie jüdische Bräuche vor sich. Und vergessen wir die Sprache nicht – die Juden sprachen den einheimischen Lokaldialekt des Spanischen mit vielen hebräischen Worten untermischt, die Marranen, die doch als eigene soziologische Schicht unter sich lebten, sprachen ihn weiter, mochten sie auch bestrebt sein, die jüdischen Bestandteile der Sprache mit der Zeit auszumerzen – man streift die Lebensformen von Jahrhunderten nicht in wenigen Jahren ab. Der einzelne mag nach der Taufe in der christlichen Umwelt aufgehen – eine Volksgruppe von Hunderttausenden braucht dazu Jahrzehnte und mehr. Sie wissen ja, in Brooklyn und der Bronx, in den jüdischen Stadtteilen New Yorks, spricht heute noch die dritte Generation nach der Einwanderung im täglichen Leben überwiegend jiddisch.

Vom Leben der Marranen in dieser Zeit, da die Inquisition ihre Tätigkeit begann, wissen wir aus jüdischen Quellen nichts – die Marranen waren in den Augen frommer Juden nichts, worüber man schreiben und berichten sollte, das waren Abtrünnige – zwar nicht Meschumadim[39], sondern Anussim[40], nicht freiwillig, aber doch Zwangsgetaufte. Marranische Schriftsteller – das ist charakteristisch – wollen die Existenz eines Marranentums nicht wahrhaben, wie sie ja auch die eigene Abstammung verhehlen – Marranen, die als Chronisten der christlichen Könige die täglichen Geschehnisse niederschreiben, hüten sich sorgsam, auch nur anzudeuten, daß es bei den inneren Kämpfen um die Marranen und ihre Probleme ging, sie erwähnen die ganze Volksgruppe geflissentlich nicht. Die altchristlichen Historiker wiederum sind Partei: sie schreiben für Könige, welche die Gesetze gegen die Marranen erließen, für die Kirche und die Inquisition – sie tragen alles zusammen, was sie hören, was diese Gesetze, die Ausnahmegesetze stützt und unterbaut, es braucht darum nicht wahr zu sein. So bleiben uns – so seltsam das auch klingen mag – als einzige Quelle die Protokolle der Inquisition.

Es gibt solche Protokolle, genauer Prozeßakten, noch heute in ungeheurer Zahl, in erschütternder Fülle. Ich habe in Madrid, in Lissabon und Paris vor den verstaubten Aktenbergen gestanden – ein Menschenleben genügt nicht, sie zu durchblättern. Sie sind bisher von jeder Wissenschaft unberührt, fast nichts daraus ist veröffentlicht oder verarbeitet. Die spanischen, portugiesischen und französischen Bibliothekare sind dabei, sie zu katalogisieren – schon das ist eine gewaltige Arbeit. Ein paar Prozesse sind publiziert worden – ein Dutzend insgesamt aus zehntausenden. Das ist nicht einmal ein Anfang. Fritz Baer hat in seiner schönen Urkundensammlung[41] ein paar der frühen Protokolle zitiert – schon das aber mag eine Ahnung davon geben, was diese Akten an historisch wertvollem Material bergen.

Natürlich sind auch diese Protokolle keine Quellen erster Ordnung. Selbst wenn man davon absieht, zu zitieren, was den Angeklagten vorgeworfen wird, und sich darauf beschränkt, das zu nehmen, was die Angeklagten gestehen, muß bedacht werden, daß viele dieser Geständnisse auf der Folter erpreßt sind. Dennoch geben sie gerade in den kleinen Einzelheiten erstaunliche Einblicke in das tägliche Leben der Marranen in der Frühzeit der Inquisition, von dem wir sonst nichts wissen.

Es sind erstaunliche Tatsachen: Da ist ein Komtur des geistlichen Ritterordens von Santiago, der diplomatische Vertreter des Ordensmeisters beim päpstlichen Stuhl, der sich als Marrane freut, seiner Freude Ausdruck gibt, als die Türken eine päpstliche Flotte in den Grund bohren. Denn er fühlt als Marrane. Ein Ordensbruder gibt sich Handwerkern gegenüber als Jude zu erkennen, sagt ihnen, er sei nur ins Kloster gegangen, weil er dort am besten die Gesetze Mosis befolgen könne. Die Marranen sind in seinen Augen Märtyrer. Ja, er versucht schließlich ins Ausland zu fliehen, um sich dort offen zum Judentum zu bekennen. Immer wieder ist in den Akten von Mönchen die Rede, die aneinander im Kloster die Beschneidung ausführen.

Da sind marranische Handwerker, die nur bei ihresgleichen oder bei jüdischen Meistern arbeiten, ihre Kinder jüdisch erziehen, sich einen jüdischen Vornamen zulegen, nach Art der Juden beten, trauern. Begreiflich für uns ist der Lebenswandel eines braven marranischen Bürgers, der mit 14 Jahren getauft wurde, aber mit seinen jüdischen Verwandten in engem Kontakt bleibt. Wenn seine Mutter ihn besucht, mehrere Tage mitunter, wird im Haus des Marranen nach jüdischer Vorschrift gekocht. Und an jüdischen Feiertagen besucht er die Mutter im Judenviertel. Sein Bruder lebt in Erez Israel – wie gesagt, das alles ist menschlich begreiflich, aber in den Augen der Umwelt sind das Verbrechen. Da ist die Frau des Azaria Ginillo, die sich voll Zorn von ihm scheiden ließ, weil er Christ wurde und dann ein paar Jahre später mit ihrem zweiten Gatten zur Taufe ging. Da waren Familien aus Juden, alten und neuen Christen, Nonnen und Rabbinern so bunt zusammengesetzt, daß die über Leben und Tod entscheidende Frage, wer die

Speisen im Haus nach jüdischer Vorschrift kochte, nur mühsam gelöst werden konnte.

Es scheint nach den Akten, als ob die Marranen auch in der dritten Generation noch häufig den Sabbat hielten, den Hamin, das geliebte jüdische Festtagsgericht – wir würden ihn Schalet[42] nennen – selbst unter Lebensgefahr zubereiteten und am ayuno mayor, am Versöhnungstag, fasteten. Wem nachgewiesen wurde, daß er sich am Freitag regelmäßig zu waschen und die Nägel zu schneiden pflegte, fiel in die Kerker der Inquisition. Doch in allen Prozessen vor dem Heiligen Offizium wurden nur Fragen des Rituals und des Zeremoniells behandelt, rein äußerliche Dinge. Die großen prinzipiellen Probleme der Religion blieben unberührt, die waren von den Marranen schon vergessen.

Viel bunter noch sah es wenige Jahrzehnte nach den Massentaufen von 1391 im hohen Adel aus. Die Verhältnisse wären kaum glaublich, hätten wir nicht just über sie in zwei zeitgenössischen Werken präzise Angaben. Hier ein paar daraus:

Ruy Capon, ein getaufter Jude, Generalsteuereinnehmer und darum wohl kein armer Mann, hat zwei Enkel. Der eine ist Großmeister des geistlichen Ritterordens von Calatrava, der andere Marquis von Villanueva. Von diesen beiden – auch von dem geistlichen Herren – stammt der gesamte hohe spanische Adel. Ich bitte Sie, das wörtlich zu nehmen, es gibt keinen Granden von Spanien, in dessen Adern nicht das Blut des Ruy Capon fließt. Schon hundert Jahre später finden sich unter seinen Nachkommen die Herzöge von Alba, von Florencia, del Infantado, d'Albuquerque, Ossuna, Arcos, Alcala, Medina Celi, noch ein Dutzend anderer Herzöge, zahllose Grafen, der Großadmiral und der Großkonnetabel von Kastilien – aber nicht einer vom niederen Adel, kein lausiger Baron darf sich rühmen, von dem Juden Ruy Capon zu stammen.

War es bei ihm das Geld oder die Tüchtigkeit seiner Nachkommen, was den Weg bereitete, so finden wir in den Akten doch auch romantische Geschichten, richtige Liebesheiraten, zwei, die gleich in die regierenden Häuser führen. Inez Hernandez Estevez, die Tochter eines getauften jüdischen Schusters, gebärt dem König Joao von Portugal einen Sohn, den Herzog von Braganza – seine Nachkommen sitzen von 1640 bis 1908 auf dem Thron von Portugal. Ja, Fernando dem Katholischen, der die Juden verjagte, wurde schon zu seinen Lebzeiten jüdische Abstammung vorgeworfen – ohne Grund, wenn sich auch die jüdischen Historiker dafür einsetzen. Doch sein Halbbruder Alonso, Graf von Ribagorza, Herzog von Villahermosa, ehelicht die erst noch zu taufende Tochter des jüdischen Trödlers El-Conejo, Estenza, – die spanische Form des Namens Esther Cohn – ihrer beider Nachkommen halten sich stets sehr exklusiv in der Sphäre der Herzöge und Prinzen.

Das sind charakteristische Fälle, doch für die Geschichte der Marranen sind sie ohne Bedeutung – die Damen kümmern sich, nachdem sie die gute Partie gemacht haben, nicht weiter um ihre einstigen Volksgenossen, eine Frau hatte in jenen Zeiten dazu wohl auch kaum Gelegenheit. Ganz anders aber steht es um eine Gruppe von Familien, vor allem in Aragonien, welche die Führung der Marranen in die Hand nahm, wie sie schon die Führung der Juden in den Gassen von Zaragoza und Calatayud hatten.

Es sind merkwürdige Familien, diese aragonischen Marranen, sie haben in der Geschichte nicht ihresgleichen. Anno 1415 stirbt der Ahn der Santangel, der Tuchhändler Noe Chinillo, als frommer Jude im Ghetto von Calatayud. Genau hundert Jahre später, 1515 wird seine Urenkelin Vizekönigin von Sardinien. In der Zeit, die dazwischen liegt, stellen die Santangel mehrere Minister, einen Bischof von Mallorca, viele Domherren, Richter und Offiziere. Aber nicht wenige von ihnen werden als Ketzer verbrannt, ziehen als Büßer in der Prozession, fliehen ins Ausland und werden wieder Juden gleich dem Ahn. Von den Nachkommen des Alazar Golluf und der

Mira Almali, Juden aus dem gleichen engen Ghetto, sind die Brüder Luis und Gabriel Sanchez nacheinander aragonische Finanzminister, die Schwiegerväter beider werden als Juden, als rückfällige Marranen, lebendig verbrannt. Zwei weitere Brüder fliehen nach Italien. Aus der Schar der Enkel finden sich 1525 der Finanzminister und der Staatssekretär Kaiser Karls V., dazu der Generalgouverneur von Aragon. Ein vierter aber, jüdischer Bankier in Florenz, finanziert die anderen. Bei den de la Caballeria, die von Bonafos Ibn Labi, Juden aus Zaragoza, stammen, schreibt Pedro ein böses Buch gegen solche Juden, die nicht gleich ihm zur Taufe gehen. Sein Sohn Alfonso, der Vizekanzler Fernandos des Katholischen, sieht alle seine Angehörigen im Kerker, auf der Folter, auf dem Brandstoß enden. Er muß sich sein Leben lang, ohne sein Amt einzubüßen, gegen die Beschuldigung wehren, ein verkappter Jude zu sein, und erst in seinem Alter wird das Verfahren niedergeschlagen. Die Akten gegen die Familie de la Caballeria, die in Paris liegen, berichten seltsame Dinge von dem Reichsvizekanzler, seinen Brüdern und Vettern, alles hohen Beamten: sie haben Synagogenplätze, sie vertreten bei Debatten über religiöse Fragen den jüdischen Standpunkt, tragen hebräische Amulette. Ihre Frauen lassen sich das Essen für den Freitagabend aus der Judengasse holen, sie geben Geld für das Öl der Synagogenlampen, sie lassen Mazzen bakken. – Sie sehen, meine Damen und Herren, es lassen sich hier manche Vergleiche zwischen dem Gestern und dem Einst ziehen, aber es stimmt doch manches nicht. Gewiß, die Vermischung mit dem Adel, von Juden und Junkern, haben wir auch im neunzehnten Jahrhundert erlebt, aber diese Juden Mitteleuropas, die sich freiwillig assimilierten, kannten den inneren Zwiespalt nicht, aus dem sich die zwangsgetauften Marranen durch die Befolgung einiger Riten zu retten suchten.

Über die Inquisition, meine Damen und Herren, ihre Methoden, ihren Aufstieg und Niedergang, will ich Ihnen in der nächsten Lesung geschlossen berichten. Hier will ich Ihnen an der Entwicklung der Dinge im Königreich Aragonien zeigen, wie die Geschichte der Marranen weiter verlief.

Im Jahre 1478, wie schon gesagt, erließ der Papst die Bulle, welche ganz Spanien unter die Gerichtsbarkeit der Inquisition stellte. Ein paar Jahre lang geschah nichts. Dann bestellte der Papst den Thomas de Torquemada[43] zum Großinquisitor für ganz Spanien. Und nun setzte die Arbeit des heiligen Tribunals sofort mit aller Schärfe ein.

Torquemada ernannte für jedes der Königreiche ein eigenes Tribunal, in Aragonien wurde der Ordensbruder Pedro Arbues zum Inquisitor bestellt, er nahm seinen Sitz in der Hauptstadt Zaragoza. Bei dem ersten Autodafé – so nannte man die strafende Feierlichkeit der Inquisitionsbehörden – wurden vier Personen vorgeführt und zum Verlust ihres Vermögens verurteilt. Bei der zweiten Sitzung einige Wochen später aber wurden schon zwei Männer wegen Rückfall ins Judentum lebens verbrannt und eine Frau, die geflüchtet war, im Bilde.

Das Volk murrte. Der Widerstand wurde allgemein so lebhaft und bedrohlich, daß der Inquisitor Arbues seine Sitzungen ausstellen mußte, anderthalb Jahre lang fand kein neues Autodafé statt. Alt- und Neuchristen versuchten, diese Frist zu nutzen. Auf jede denkbare Weise. Viele der Marranen waren Juristen, so suchten sie den Gang über die Paragraphen, durch einstweilige Verfügungen und Gerichtsbeschlüsse zu erschweren – man sieht, wie sehr die Macht der Inquisition noch unterschätzt wurde. Manche der Marranen aber, die ihr Gewissen nicht rein wußten, flohen über die Berge nach Frankreich, nahmen ein Schiff nach Italien. So daß Fernando der Katholische ein Gesetz erließ, wonach es allen Marranen verboten war, ohne Erlaubnis das Land zu verlassen, die Grenz- und Hafenbehörden wurden entsprechend angewiesen. Wer aber dennoch ins Ausland ging, sollte nach der Rückkehr als rückfälliger Ketzer behandelt werden. Die Flucht ging weiter. Doch nun ließ der König vorsichtshalber das Vermögen aller verdächtigen Marranen beschlagnahmen.

Die Führer der Marranen gingen alle Wege, um den König zu veranlassen, die Inquisition aufzuheben, die Tätigkeit der Inquisitoren zu suspendieren. Die Stände wurden einberufen, um zu beraten, wie diesem Eingriff einer geistlichen Instanz in die Rechte und Freiheiten des Lands zu begegnen sei. Der König erwiderte, er müsse mit Recht vom Adel des Lands erwarten, daß er eine Institution stütze, die sich nur gegen Ketzer und Abtrünnige vom christlichen Glauben richte – solche Menschen wolle doch hoffentlich niemand schützen. Und wenn die Zahl der rückfälligen Marranen so gering sei, wie man sage, so sei ja kein Grund zur Furcht.

In der Stadt Teruel kam es zu einem Aufstand gegen die Inquisition, man ließ die Beamten nicht in die Stadt herein. Da befahl der König dem Adel, Reiter und Fußvolk zu stellen, die rebellische Stadt zu züchtigen. Die Edelleute aber, mit den Marranen versippt, verbrüdert und befreundet, rührten sich nicht. Schließlich bot der König die Armeen von Kastilien und Aragonien auf – die Stadt kapitulierte und wurde schwer bestraft.

Die Marranen verschworen sich. Es waren Männer aus allen führenden Familien Aragoniens dabei, es wurde viel hin und her korrespondiert, manche Versammlung abgehalten – doch das Geheimnis wurde gut bewahrt. In der Nacht auf den 15. September 1485 drang Juan de Esperandeu, dessen Vater im Kerker lag, mit zwei Soldaten, mit Mateo Ram, einem Kanonikus, und drei Verlarvten, deren Identität nie aufkam, in die Kathedrale ein, wo der Inquisitor Arbues am Hochaltar im Gebet kniete. Er wußte, daß sein Leben bedroht war, er trug ein Panzerhemd, eine Stahlkappe, neben ihm lehnte ein Speer. Sie stachen ihn nieder. Domherren fanden ihn in seinem Blut liegen, brachten ihn fort – er lebte noch 24 Stunden.

Noch in der Nacht erfuhr die Stadt von dem Mord. Und jäh schlug die Stimmung um. Das Volk zog durch die Straßen, stieß Schmähungen gegen die Marranen aus, verlangte ihre Hinrichtung. Die Marranen hatten geglaubt, niemand werde nunmehr wagen, das Amt des Inquisitors anzunehmen, und sie hatten sich verrechnet. Der König und die Inquisition machten vom Zorn des Volks Gebrauch, bald lagen die Verschworenen, Männer aus allen führenden Familien, im Kerker – es waren auch Altchristen darunter. Mehrere der Rädelsführer entkamen. Noch einmal versuchten die Minister aus den marranischen Familien, den König zu bewegen, Gnade für Recht ergehen zu lassen – es war vergebens.

Ein Autodafé folgte nun dem anderen. Die Akten und Urkunden über den Mord an Arbues und die folgenden Untersuchungen haben sich erhalten. Über zweihundert Personen wurden hingerichtet, lebend verbrannt. Die Santangel, de la Caballeria, Sanchez – die großen marranischen Familien, verloren die Hälfte ihrer Mitglieder. Und seltsam – die anderen, die nicht in die Verschwörung verstrickt waren, blieben in Amt und Würden, blieben Minister, Geheimräte, Generäle, Gouverneure.

In diese Zeit, in den Beginn des Jahres 1492, fallen drei Geschehnisse von weltgeschichtlicher Bedeutung, die auch das Schicksal der Marranen beschatteten. Granada, das letzte Königreich der Mauren, fiel. Columbus ging auf seine Fahrt gen Westen. Und die Juden wurden für alle Zeiten aus Spanien vertrieben.

Diese drei Ereignisse sind nicht so unabhängig von einander, wie die Historiker bisher annehmen. Sie haben den gleichen Ausgangspunkt.

Durch den Fall Granadas war nun der gesamte Boden Spaniens in der Hand der katholischen Könige. Es steht nicht in den Chroniken der Könige, aber wir finden es, was mehr wert ist, in den Akten, daß die Marranen und die Juden fast die ganzen Kosten des Feldzugs getragen hatten. Und daß sie – Juden und Marranen – in den Reihen der Spanier gegen die Mauren gekämpft hatten. Das wurde belohnt und vergessen. Es gab für die Könige Wichtigeres zu tun. Es ging um den alten nationalistischen Plan: ein Staat, ein Volk, eine Kirche. Der Einheitsstaat war da – um die beiden anderen Punkte zu verwirklichen, galt es, Mauren und Juden zu Christen und Spaniern zu machen. Oder sie aus dem Land zu entfernen.

Und es verstand sich von selbst, daß jeder, der schon Spanier und Christ war, künftig ein guter Spanier und ein guter Christ zu sein hatte – für marranisches Wesen war in dem neuen Großreich kein Platz.

Die Männer in der nächsten Umgebung Fernandos und Isabels spürten das. Tagtäglich wurden ihre Vettern verurteilt, gefoltert, verbrannt. Die Marranen am königlichen Hof, die Minister, die Kronräte und Kammerherren, fühlten ihr Leben zu jeder Stunde bedroht, ihre Familien wurden von den geistlichen Richtern ausgerottet, und sie, die mächtigsten Männer im Land, mußten ohnmächtig zusehen. Verzweifelt sannen sie auf Rettung, suchten sie einen Ausweg für sich, die Geschwister, die Kinder.

Da kam Columbus zu ihnen mit dem Plan, westwärts zu segeln, um einen neuen Weg zu den Schätzen Indiens zu finden. Mochte das auch verwegen, die Aussicht auf glückliches Gelingen gering sein, die Marranen griffen nach jeder Chance, die fortführte vom Rauch der Scheiterhaufen. So griffen sie nach seinem abenteuerlichen Projekt, sie förderten und finanzierten es.

Was sie erwarteten, ist nicht ausdrücklich verzeichnet. Aber es ergibt sich klar aus der Lage. Unberechenbar groß schien die Zahl der Bedrohten, die ungetauften Juden ahnten seit langem, daß die katholischen Könige ihre Ausweisung durchführen würden. Sie alle, die jüdischen Bluts waren, wollten Neuland, so weit weg gelegen, daß die Inquisition nicht nachkommen konnte. Freien Boden brauchten sie, der jedoch der Krone Spaniens unterstehen sollte, damit sie ihr Hab und Gut ungehindert mitnehmen durften. Jäh erinnerten sie sich der verlorenen zehn Stämme Israels, die vor zwei Jahrtausenden in unbekannte Fernen gezogen sein und dort ein Reich gegründet haben sollten. Wenn Columbus sie fand? Was er aber auch traf, es würde schön sein und die spanische Gier von Leib und Gut der Marranen und Juden ablenken.

Dafür wagten sie Einfluß und Geld. Darum setzten sie den Plan des Columbus bei den Königen durch. Der Augenblick war günstig. Denn nun, da ganz Spanien gewonnen war, waren Fernando und Isabel bereit, sich für neue Gebiete zu interessieren. In einem späteren Teil meiner Lesung werde ich berichten, was die Marranen in der neuen Welt erreichten, gewannen und verloren.

Die Vertreibung der ungetauften, ihrem Glauben treugebliebenen Juden hatte für die Marranen nur mittelbare Bedeutung. Aber keine geringe. Es ist nicht anzunehmen, daß durch das Edikt viele Familien auseinandergerissen wurden, denn wer durch marranische Vettern bereits infiziert war, entzog sich der Vertreibung durch die Taufe. Ja, wir wissen nicht, was die Marranen dachten und fühlten, als ihre Brüder das Land verlassen mußten. Wenige Menschen nur denken politisch weitsichtig. Vielleicht glaubten sie, daß sie nun, da der ärgste Stein des Anstoßes für Kirche und Staat entfernt sei, in Frieden gelassen würden. Vielleicht waren sie böse, weil die Zahl der Marranen im Land durch weitere Hunderttausende Neugetaufter vermehrt worden war – wir wissen das nicht.

Aber wir wissen, daß es immer schlimm ist, wenn man das schwächste Element in seinem Staat ist, wenn man eine Minderheit ist, die aus der Masse hervorsticht. Bisher waren die Juden da, wenn man Sündenböcke für verlorene Schlachten suchte, wenn der König Geld für neue Kriege brauchte, wenn die Kirche ihre Herde durch Massentaufen vermehren wollte, wenn der Mob, der süße Mob, Zorn und Übermut an einer Menschenklasse auslassen wollte. Künftig waren da nur noch die Marranen. Das sollten sie bald spüren.

Wieviel Juden Spanien verließen, wieviel in diesem Jahr 1492 getauft wurden, wieviel Marranen schon als solche im Land waren – dafür gibt es nur Schätzungen. Die Zahlen der Zeitgenossen, der Christen und der Juden, gehen weit auseinander, sind fast durchweg zu hoch gegriffen. Ich möchte die Zahl der Vertriebenen mit einer Viertelmillion beziffern, etwa 150 000 mögen zum Christentum in diesen Tagen übergetreten sein, während man die Zahl der alten Marranen ebenfalls mit 250 000 ansetzen muß. Die 400 000 Marranen, die also nun im Land blieben, stellten aber gewiß ein Fünftel bis ein Viertel der Gesamtbevölkerung Spaniens dar – größer waren die Zahlen so schwach besiedelter Länder damals nicht.

Wer sich mit der Geschichte dieser Zeit nur flüchtig befaßt hat und auf den landläufigen Geschichtswerken fußt, der ist geneigt zu glauben, daß nun von diesen Vertriebenen des Jahres 1492 die spanischen Juden hierzulande und sonst in Nordwesteuropa stammen. Dem ist nicht so.

Mit aller Klarheit und Bestimmtheit sei gesagt, daß keiner von diesen Vertriebenen nach Norden ging, kein einziger. Die sefardischen Juden hierzulande stammen entweder von späteren Generationen, die in den Ländern, die sie jetzt aufsuchten, Christen geworden waren oder von den Marranen in Spanien, von denen, die im Land als Christen zurückblieben.

Die Juden, die ihrer Religion treublieben, sind nie hierher, nach Nordwesteuropa, gelangt, die sind in den Ländern rings um das Mittelmeer geblieben. Das muß einmal klar ausgesprochen werden. Die Portugiesen von Amsterdam, Hamburg, London, Kopenhagen, Glückstadt, Bordeaux, Bayonne, Rouen, von Curacao, Suriname, Barbados, New York sind Marranen, sind alle einmal Christen gewesen.

Etwa die Hälfte der Juden, die Spanien verließen, ging nach Portugal – in das nächste Land, in das man gelangte, ohne mehr als eine Grenze zu passieren. Hier wurden sie fünf Jahre später gleichfalls vor die Alternative: Taufe oder Weiterwandern gestellt. Und im Gegensatz zu

Dubnow und Graetz muß ich feststellen, daß alle bis auf eine kleine Zahl die Taufe nahmen, Marranen wurden.

Sie hatten gehört, wie so viele von den anderen auf See ertrunken, an den Landstraßen verhungert, in die Sklaverei verkauft worden waren, sie waren des Wanderns, der Plagen und Sorgen müde. Sie wollten endlich Ruhe und Frieden. Dreißig Jahre später kam die spanische Inquisition auch nach Portugal, und auch für die portugiesischen Juden begann die schwere Leidenszeit der Marranen.

Viele Juden gingen in die Berberstaaten im nördlichen Afrika, dort leben sie noch heute, eine besondere Schicht, die noch einen spanischen Dialekt spricht und sich besser, gebildeter dünkt als die eingeborenen Juden. Wir finden sie überall – in Marokko, in Algerien, in Tunis, in Tripolis, auf der schönen Insel Djerba, die leider nur so wenigen Juden bekannt ist, obwohl dort fast nur Juden wohnen. Spanische Juden gingen nach Ägypten und nach Palästina. Denn es sei betont, daß in den Juden von damals die Sehnsucht nach Erez Israel so lebendig war wie irgendwann, irgendwo sonst.

Selbst unter den Marranen, die in Spanien blieben, gibt es dafür Beispiele. Baer veröffentlichte eine Reihe von Urkunden. Da ist die Familie Cifuentes in Valencia, die schon 1391 bei der ersten großen Massentaufe übertrat, mit Freunden, die erst als erwachsene Männer Christen wurden – sie alle wollten über Venedig nach Konstantinopel flüchten, dort wieder Juden werden und dann ins Heilige Land pilgern. Da wird von einem Arzt, Magister Franciscus, berichtet, der schon 1459 nach Jerusalem wandert. Da ist ein anderer, Pedro de Cordoba, der in Palästina war, allen Gefahren zum Trotz zurückkehrt, um andere Marranen zu bereden und zu holen.

Hauptziel der jüdischen Wanderung aber war wohl die Türkei, das damals einzige Land völliger religiöser Toleranz. Von den Juden, denen diese weite Reise gelang, stammen die Gemeinden in Saloniki, in Smyrna, in Adrianopel, in Bosnien und Bulgarien – jene Juden, die noch heute spaniolisch sprechen, das sie Ladino nennen, die noch heute den Ritus üben, den ihre Väter in Spanien kannten. Ja, in Saloniki haben die Juden aus Aragonien eine eigene Synagoge, die aus Kastilien eine andere, wieder andere beten in der Synagoge von Valencia und andere wieder in der der Andalusier – jede spanische Provinz hat ihre eigene Synagoge –, in Saloniki! Und die Juden dort haben spanische Namen, auch die Vornamen sind spanisch, sie singen die Selichoth[44] in der Synagoge in einem altkastilischen Dialekt und altspanische Romanzen am Abend vor der Tür ihrer Häuser.

Die reichsten der spanischen Exulanten gingen nach Italien, in das Land, das in vierzig kleine Staaten gespalten war, in der vierzig kleine Fürsten regierten. In Livorno, in Rom, in Venedig – überall gab es bald spanisch-jüdische Gemeinden, die mal reich waren und wieder arm wurden, die vertrieben wurden und wiederkamen. Ich habe das Gemeindebuch von Livorno vor einigen Jahren in der Hand gehabt – noch um 1800 schreibt der Sekretär die Protokolle der Gemeindesitzungen darin in spanischer Sprache.

Einige wenige gelangten nach Norden. In einem kleinen Ort in Franken teilt sich die Landstraße, die von Venedig kommt, in zwei Arme, der eine geht nach Frankfurt, der andere nach Leipzig, in die Orte der großen Messen. In diesem kleinen Städtchen, Pappenheim, hatten die Juden bis in unsere Tage den spanischen Ritus nach der Art gehalten, wie ihn die spanischen Juden in Venedig im 16. Jahrhundert übten. Eine winzig kleine Kolonie kühner Kaufleute, irgendwo im Deutschland der Reformationszeit, welche die Waren aus der neuen Welt und aus der Levante über Venedig in die deutschen Handelszentren brachten und dabei die uralten Bräuche der Väter im fernen Spanien hielten.[45]

Überall rings um das Mittelmeer gibt es Juden aus Spanien. Man kann da Seltsames erleben. Im Jahre 1926 ...

Dritter Teil

Meine Damen und Herren,

ich will Ihnen in dieser dritten Vorlesung von dem jahrhundertelangen Kampf der spanischen Inquisition gegen die Marranen erzählen, von dem Versuch dieser Behörde, des heiligen Tribunals, einen Teil der spanischen Bevölkerung mit der Wurzel auszurotten.

Es war kein kleiner und gewiß nicht der schlechteste Teil.

Martin Luther, der sein Leben lang die Kirche und den Papst, den Kaiser Karl und seinen spanischen Hofstaat bekämpfte, der den Juden erst freundlich und dann, als sie ihm nicht folgten, bitter feindlich gesonnen war, schrieb um das Jahr 1524 von Wittenberg her den zornwütigen Satz: ›Der mehre Teil der Spanier sind Moraner, getaufte Juden!‹[46]

Das war im Streit geschrieben, das war, möchte ich sagen, politische Propaganda, das hatte einen richtigen Kern und war ansonsten übertrieben. Aber es zeigt, wie man im Reich des Kaisers Karl, in dem Reich, in dem die Sonne nicht unterging, die Verhältnisse in Spanien ansah. Seine Anhänger glaubten Luther zweifellos aufs Wort. Der venezianische Gesandte schrieb 1506 seinem Ministerium, ein Drittel der spanischen Bevölkerung sei marranisch – das war die Ansicht eines Diplomaten, niedergeschrieben in einem nüchternen amtlichen Rapport.

Wenn wir die 400 000 Marranen, die nach 1500 in Spanien lebten, mit einem Fünftel der Bevölkerung ansetzen, so dürfte das den Tatsachen entsprechen, soweit wir sie heute noch aus den Akten verfolgen können. Nehmen wir aber alle jene hinzu, die mit den Marranen durch Heirat verwandt waren oder verwandt wurden, so kommen wir ohne Mühe und Zweifel auf die Zahl, die der Gesandte Venedigs angibt.

Gegen diese 20 Prozent der Bevölkerung wurde die

Inquisition eingesetzt, das heilige Tribunal, wie es sich nennt, wie es in allen Akten hieß.

Gemeinhin – auch von Graetz und Dubnow – wird die Inquisition als eine judenfeindliche, judenhetzerische Behörde dargestellt. Das stimmt nicht. Eine solche Auffassung verkennt Tendenz und Wirksamkeit der Inquisition von Grund auf. Und es ist nicht minder irrig, will man die Inquisition, die in Spanien das Marranentum auszurotten suchte, mit der Inquisition anderer Länder und anderer Zeiten gleichsetzen – das waren verwandte Erscheinungen, aber das war keineswegs dasselbe.

Im Gegensatz zu allen Historikern bisher möchte ich darum feststellen: Die Inquisition war eine innerchristliche und eine innerspanische Angelegenheit.

Innerchristlich – denn sie richtete sich ausschließlich gegen Christen, es ging, wie es in der Gründungsbulle hieß, um die Säuberung des rein christlichen Staates von allen solchen Elementen, die den alleinseligmachenden Glauben nur pro forma und nicht de facto bekannten. Juden werden in der Bulle nicht erwähnt, was die glaubten, kümmerte die Inquisition nicht. Und es gab seit 1492 keine Juden in Spanien mehr – Marranen, das sind Christen, vergessen wir das nicht. Die Historiker bisher vergessen es immer wieder.

Man muß, meine Damen und Herren, bei der Beurteilung historischer Vorgänge mit der Logik und in den Begriffen jener Zeit denken, mag es uns, Jahrhunderte später, auch manchmal seltsam klingen. De iure war die Inquisition im Recht, wenn sie dafür sorgte, daß Christen christlich lebten, die Bräuche der Christen übten, nichts als Christen waren.

Wenn Christen jüdisch-religiösen Bräuchen folgten, so wußten sie, was sie wagten, daß sie Leib und Gut aufs Spiel setzten. Sie wußten es zuvor und durften sich nicht wundern, wenn sie die Inquisition und ihren ganzen grausamen Apparat auf sich zogen.

Das ist ein Tatbestand, über den man sich klar sein muß, wenn man kritisch an die Akten herangeht. Es ändert das nichts am Heldentum der Männer und Frauen, die mit dem Schema[47] auf den Lippen am Brandpfahl starben. Es nimmt auch nicht weg, daß viele der Opfer unschuldig gestorben sind. Aber nur die klare Scheidung von Jude und Christ, die nüchterne Erkenntnis von den Rechten und Pflichten der Christen im christlichen Staat, macht eine Zeit verständlich, die für uns sonst in undurchdringliches Dunkel gehüllt bliebe.

Die Inquisition, von der wir hier sprechen, war auch eine ausschließlich innerspanische Angelegenheit – sie war nationalspanisch, schon in der Gründung. Es hatte schon Jahrhunderte zuvor Inquisitionsgerichte gegeben, gegen die Albigenser,[48] Waldenser,[49] Katharer[50] und andere Absplitterungen des christlichen Glaubens, auch diese Gruppen waren durch die Inquisition ausgerottet worden. Aber diese Tribunale waren Exponenten der päpstlichen Gewalt, unabhängig von der Staatshoheit, von den Landesgrenzen, allein dem Papst verantwortlich – was hier in Spanien entstand, war eine nationale und unabhängige Behörde, die, wenn sie sich überhaupt verantwortete, das in erster Linie gegenüber dem Landesherrn zu tun hatte und dann erst gegenüber dem Papst im fernen Rom. Während früher die Inquisitionsgerichte ad hoc, für den Einzelfall und seine beschränkte Dauer geschaffen wurden, war die spanische Inquisition eine Behörde für Zeit und Ewigkeit – sie bestand darum bis 1835.

Die Inquisition, die in Spanien mehr als dreihundert Jahre lang wirkte – als Staat im Staat – war charakteristisch spanisch. Der Spanier verlangt, daß der Staat Gott auf Erden vertritt, daß das Christentum das gesamte öffentliche Leben beherrscht, er will die Identität von Gott, Staat und Volk. Auf diesem Wollen als Sockel stand die spanische Inquisition.

Was in Spanien geschah, griff darum auch nicht über Spanien hinaus, über das Reich, das damals spanisch war. Hätte sich ein anderer Staat empört, daß man Menschen um ihres Glaubens willen lebendig verbrannte, der König und das heilige Offizium hätten geantwortet, das sei ihre eigene innere Angelegenheit, das Ausland möge sich um seine eigenen Sachen kümmern, es habe sich nicht einzumischen.

Aber zu solch schroffer Stellungnahme gab es für Spanien und die Inquisition nie Anlaß. Kein Staat dachte daran, Spaniens Haltung und das Gericht der Inquisition zu kritisieren. England ärgerte sich, wenn seine Seeleute, irgendwo gefangen, als protestantische Ketzer auf den Brandstapel steigen mußten, die Beys und Deys von Algier und Tunis rüsteten Korsarenschiffe aus, um Spanier für die Sklavenmärkte zu fangen – Revanche für die verbrannten Moriscos, die rückfälligen Christen maurischer Abstammung. Die Juden in aller Welt jammerten, suchten dem spanischen Welthandel zu schaden. Alle Staaten freuten sich, die Flüchtlinge vor der Inquisition als neue nützliche Untertanen zu gewinnen. Aber auf das, was in Madrid, Sevilla, Valencia geschah, auf das Treiben der Inquisition, versuchten sie niemals Einfluß zu gewinnen, das war auch nach ihrer Ansicht Sache der Spanier und deren Sache allein.

Die Gerichtsbarkeit der Inquisition erstreckte sich auf alle Länder der spanischen Krone – auf das Stammland, auf Portugal, wo die Inquisition 1530 eingeführt wurde und das von 1580 bis 1640, sechzig Jahre lang, mit Spanien in Personalunion verbunden war, auf die neuen reichen Besitzungen in Übersee, in Indien und in der neuen Welt. Inquisitionstribunale gab es in Spanien nicht weniger als vierundvierzig, in jeder Stadt sind Ketzer verbrannt worden, in Portugal waren es ein Dutzend Glaubensgerichte. Besonders blutig war das Gericht zu Goa in Indien, aber nicht minder schlimm wütete die Inquisition in Mexico, in Lima, in Chile. Nur die spanischen Besitzungen in Italien und den Niederlanden blieben frei, es kam über Ansätze zur Errichtung eines Tribunals nicht hinaus – das war, wie wir später sehen werden, der Grund, warum die Marranen just diese Gebiete als die ersten Etappen auf ihrer Flucht ins Ausland nahmen.

Die Inquisition war ein Glaubensgericht, bestimmt, alles zu verfolgen, abzuurteilen und auszurotten, was gegen die reine christliche Lehre verstieß. Sie erfaßte also einen weiten Bezirk. Da waren zuerst die vier großen Gruppen der Ketzer: die Marranen, von denen wir hier sprechen. Die Moriscos, die zwangsweise zum Christentum bekehrten Mauren, die noch mohammedanische Bräuche pflegten. Die Protestanten, vereinzelte Anhänger Luthers und Calvins im Land. Und die Jansenisten – das war ein Sammelname für Atheisten und alle jene, die um ein Tipfelchen vom rechten Glauben abwichen. Hinzu kamen die Mystiker, Sektierer innerhalb des katholischen Glaubens. Später die Freimaurer. Dann Hexen und Zauberer. Leute, die in Bigamie lebten. Priester, die sich vergingen. Gotteslästerer. Und schließlich gehörte die Zensur über Bücher und Zeitschriften zu den Aufgaben des heiligen Tribunals.

Die Moriscos stellten im ersten Jahrhundert der Inquisition nicht wenige Opfer, auf manchen Listen der Verbrannten und Gebüßten sind sie häufig, wenn auch nicht so zahlreich wie die Marranen. Aber da die Moriscos 1610 völlig, radikal und endgültig, aus Spanien vertrieben wurden, erscheinen sie seit dieser Zeit nur noch ganz vereinzelt. Protestanten waren gleichfalls selten. Hin und wieder wagten sich englische Kaufleute unvorsichtig ins Land, dann wieder wurden englische Seeleute gefangen, welche die Küsten Westindiens geplündert hatten. Ein paar Mal, um die Zeit, da die Niederlande abfielen, bildeten sich in Spanien kleine Gruppen, die den Lehren des Erasmus von Rotterdam[51] anhingen und dafür auf dem Scheiterhaufen endeten. Jansenisten waren noch rarere Vögel – Anklagen solcher Art waren oft Mittel, die inneren Gegner der Inquisition zu Fall zu bringen. Die übrigen Sparten waren bei den Autodafés[52] meist gar nicht oder durch eine einzelne Person vertreten, Vergehen dieser Art spielten im Bereich der Inquisition offenbar gar keine Rolle, wurden wohl oft unter der Hand ohne die Öffentlichkeit erledigt.

So wandte sich das ganze Schwergewicht der Inquisition vom ersten Tag an gegen die Marranen. Und so blieb es dreihundert Jahre lang – bis zum Ende. In den ersten hundert Jahren finden wir die Massenverbrennungen von Marranen, hinter denen alle anderen Verbrechen zahlenmäßig ganz schwinden. Für die beiden letzten Jahrhunderte aber haben wir sogar Statistiken aus der Hand der Inquisition.

In Toledo liegt im Archiv eine Aufstellung, welche die Tätigkeit des Tribunals Toledo in den Jahren von 1648 bis 1794 umfaßt, also die letzten hundertfünfzig Jahre, eine Zeit, in der die Erinnerung an das Judentum doch nur noch ganz schwach gewesen sein kann. Da finden wir: 100 Fälle von Zauberei, 62 wegen Bigamie, 68 Verbrechen von Priestern im Beichtstuhl, 10 Bestrafungen wegen Priesterehe, 5 Fälle von Rückfall in den Islam, 11 Strafen wegen Protestantismus und 659 Fälle von Rückfall ins Judentum.

Die andere Statistik, die in Berlin liegt, ist noch deutlicher, sie umfaßt alle 64 Glaubensgerichte Spaniens in sieben Jahren, von 1721 bis 1727: Neben 35 Fällen von Bigamie, 3 Fällen von Protestantismus, einem Rückfall in den Islam stehen 824 Fälle von Rückfall ins Judentum. Die übrigen Vergehen sind in beiden Statistiken meist nur mit einem einzigen Fall oder gar nicht vertreten.

Warum es gerade die Marranen waren? Das ist eine Frage, die von den Geschichtsschreibern bisher nie erörtert worden ist, obwohl doch eine Antwort keineswegs auf der Hand liegt. Denn schließlich: ein Rückfall ins Judentum war nicht schlimmer als der Rückfall zum Islam, weniger schlimm gewiß als der Abfall zu Luther oder zur völligen religiösen Skepsis. Die Moriscos waren bis zu ihrer Vertreibung 1610 ebenso zahlreich wie die Marranen – in der pamphletischen Literatur der Zeit werden sie ebenso häufig angegriffen. Es können also nicht theologische Gründe sein, die das heilige Tribunal just zum Einschreiten gegen die Marranen und nur gegen die Marranen veranlaßten.

Aber: die protestantischen Ketzer waren einzelne, waren Geistliche und Gelehrte. Die Moriscos bildeten einen Teil der landsässigen und hörigen Bauernschaft, einen sehr fleißigen und rührigen Teil, dessen Vertreibung Spaniens Wirtschaft den Gnadenstoß gab, aber doch besitzlose arme Teufel. Die Marranen aber waren ein Stand, waren eine Klasse für sich. Und sie waren reich.

So, ganz einfach und simpel, liegt das. Und nur, wenn man die Lage wirtschaftlich und soziologisch betrachtet, wird die Frage beantwortet, warum just die Marranen von der Inquisition zum Opfer auserwählt waren. Es gab drei Schichten von Marranen in Spanien, die Getauften aus den Massakern von 1391, die anderen, die 1492 übertraten, um nicht auswandern zu müssen, und die dritte Schicht der portugiesischen Juden, die seit 1580 zum spanischen Reich gehörten. In Spanien und in Portugal waren überwiegend die armen Juden emigriert, die reichen waren geblieben. Denn Besitz bindet an die Scholle. Und Besitz reizt – den Inquisitor und den König, die sich in die konfiszierten Güter zu teilen pflegten. Für die Moriscos, Kleinbauern, Landarbeiter und Tagelöhner, setzten sich ihre Herren ein, die Großgrundbesitzer vom hohen Adel, solang es ging, und sie bekamen ihre Leute frei – was lag schon der Inquisition daran, ob solch ein armer Schlucker im Kerker lag oder auf dem Land frönte? Bei den Marranen aber lag das ganz anders. Die hatten Geld und Besitz, die waren mächtig als einzelne und als Stand, die schienen mächtiger und einflußreicher als sie wohl waren, als sie selbst glaubten, sie wären sonst stiller, zurückhaltender, taktvoller gewesen, sie hätten wohl weniger Witz, Geist und Skepsis gezeigt, weniger Angriffsflächen geboten.

Denn sie waren mit einem Fünftel der Bevölkerung nur eine Minderheit, ein zahlenmäßig schwaches, aber auffallendes Element. Die stillen, fleißigen, aber hilflosen Moriscos fanden leicht Beschützer und waren dankbar für solchen Schutz. Die Marranen, laut, selbstbewußt und exponiert, überschätzten die eigene Stärke; als sie schließlich Verbündete suchten, mußten sie feststellen, daß sie alle Welt gegen sich hatten – jede Klasse der Bevölkerung. Denn sie waren – ganz anders als die Moriscos – selbst eine Klasse. Und zwar eine unbeliebte.

Daß die Geistlichkeit den Marranen feind war, versteht sich von selbst. Der hohe Klerus ärgerte sich, weil sie den Wettbewerb um hohe Posten und fette Pfründen verschärften, er zürnte den zahlreichen Marranen, die Bischöfe, gar Erzbischöfe, die Ordensritter, Domherren, Kanonici wurden, was mit schönen Einkünften verbunden war. Den zahllosen Mönchen der Bettelorden aber, die durch das Land schwärmten, waren die Marranen geradezu ein Gottesgeschenk. Denn wenn sie den Gläubigen in Stadt und Land erzählten, wie die Marranen, die Kapitalisten und schlechten Christen, prächtig und protzig daherlebten, während Gottes Diener darbten, dann öffneten sich die Beutel – was Franziskaner und Dominikaner durch solche Propaganda erreichten, kann gar nicht hoch genug angeschlagen werde.

Der König konnte bei sich manches für, manches gegen die Marranen anführen. Gewiß, sie waren hohe Beamte in seinem Dienst, sie verwalteten seine Finanzen, sie brachten als Bankiers, als Reeder und Importeure viel Geld ins Land, in die königlichen Kassen. Andererseits aber: die Güter und Gelder des wegen Ketzerei Verurteilten verfielen nach kanonischem Recht, ganz gleich, ob der Beschuldigte lebend verbrannt wurde oder mit einer Rüge davonkam, seine Kinder, seine Erben gingen in jedem Fall leer aus. Die Inquisition durfte sich ihren Teil von der Beute nehmen, um davon ihren Unterhalt zu bestreiten – alles übrige fiel an die Krone. In einer Eingabe an Kaiser Karl aus dem Jahr 1524 werden die Summen, die Fernando und Isabel auf solche Art erhielten, auf mehr als 10 Millionen Dukaten geschätzt. Wenn die Inquisition also des Königs Umgebung ungeschoren ließ, hatte dieser nichts dagegen, daß sich seine Einkünfte durch die Verdammung anderer Marranen mehrten. Auch prinzipielle Überlegungen kamen hinzu. Seit Fernando und Isabel war das Königtum absolutistisch, also mußte auch ihm an der Glaubenseinheit im Land liegen.

Die Städter waren hier wie überall in diesen Jahrhunderten der Marranen erbittertste Feinde. Für sie war der Marrane ganz einfach der Konkurrent, der kluge, erfolgreiche, skrupellose Gegner im Wettbewerb. Von allen europäischen Völkern ist der Spanier zweifellos der für den Handel am wenigsten Begabte – es konnte nicht anders sein, als daß ihm der Marrane den Rang ablief. Sein Haß saß tief. Haben wir die Juden hinausgetrieben, damit sie nun als Marranen nur noch ungehemmter schaden können? – war ihre Parole.

Der Bauer hatte nicht viel zu sagen im Spanien jener Zeit. Er lebte erbärmlich und war den Grundbesitzern hörig. Die Marranen kannte er nur vom Sehen. Aber just in seinem Elend lieh er bereitwillig den Hetzern sein Ohr. In seiner Primitivität – er konnte nicht lesen noch schreiben, er kann es auch heute kaum – glaubte er alles, was ihm die Propagandisten des heiligen Tribunals, die Bettelmönche erzählten. Dazu war er abergläubisch in einem kaum vorstellbaren Maß – ihm galt der Marrane bald als der leibhaftige geschwänzte Teufel.

Der Mob in den Städten, in Spanien ein Stand, war hier wie stets und überall zu allem bereit, weil er nur zu gewinnen, nichts zu verlieren hatte. Ein leiser Wink von oben nur – und er stürzte sich auf die Marranen, wir sehen es in allen Phasen der Geschichte. Als man ihm lange genug erzählt hatte, daß er, der Mann in der Gosse, als alter Christ reinen Bluts doch viel besser sei als der Marrane, als man ihm begreiflich machte, daß jeder schon beinahe ein Edelmann sei, der keinen Tropfen jüdischen Bluts im Stammbaum habe, als er, allzeit von oben getreten, jemanden sah, den er verächtlich behandeln durfte, da ging er vergnügt daran, auf die Marranen, die verhaßten Kapitalisten und falschen Christen, loszuschlagen. Er schlug los, plünderte, durfte plündern, was nicht wenig zu seiner Einstellung beitrug.

Blieb noch der Adel. Der einfache Edelmann, der Hidalgo, den wir aus dem Don Quijote[53], aus dem Gil Blas[54] und dem Lazarillo[55] kennen, war bettelarm, aber stolz, er hungerte, aber mit Grandezza. Ihn verband mit dem Marranen nichts als das Geld, das er ihm vielleicht schuldete. Aber aus diesem niederen Adel, der nichts als Wappen und Stammbaum besaß, kamen recht häufig die Beamten der Inquisition – neben der Armee und den Orden war das heilige Tribunal eine dritte und sehr einträgliche Möglichkeit, Karriere zu machen. Was die Marranen taten, um Geld zu verdienen, alle ihre Berufe, erschienen dem Hidalgo als unfein, beinahe unehrenhaft. Daß sie dabei reich wurden, nahm er als Bosheit und Niedertracht.

Mit dem landbesitzenden Adel aber war es anders. Er war mit den Marranen versippt, verschwägert, verbrüdert – er machte mit den Marranen alltäglich Geschäfte, er stand sich gut dabei und mochte sie nicht missen. Sie hatten viele gemeinsame Interessen und die gleichen Gegner. Der landbesitzende Adel und die Marranen waren im Spanien jener Zeit die beiden kapitalistischen Stände, die einen hatten das bewegliche, die anderen das unbewegliche Vermögen, das griff ineinander, das zwang sie zu ständigem Kontakt, zu freundschaftlichem Umgang. Wenn die Marranen Verbündete suchten, nur hier konnten sie sie finden, bei den Schwägern und Geschäftsfreunden.

Aber diese Männer vom mittleren und hohen Adel hatten in ihrer Stellung sehr gelitten, seit Fernando und Isabel den Absolutismus in Spanien eingeführt hatten – sie waren vorsichtig und besorgt geworden. Sie sahen, wie die Marranen, einer nach dem anderen, von der Inquisition festgenommen, verurteilt, gebüßt, verbrannt wurden. Es galt, je länger die Propaganda ging, als befleckend, als gefährlich, mit Marranen umzugehen, in ihren Häusern zu speisen, ihre Töchter zu ehelichen – wie leicht konnte man in einen häßlichen Prozeß vor dem Inquisitionsgericht stehen – als Zeuge vielleicht nur, aber schon das war bald in den Augen der Massen entehrend. Und so sehen wir den Adel bald in zwei Gruppen gespalten: Die eine, durch die vielen Mischehen nun schon selbst marranischer Abstammung, hielt zu ihnen, durch dick und dünn. Wer aber nicht durch solch unzerreißbare Bande an sie gefesselt war, machte sich los, hielt sich künftig so fern wie möglich.

Gleichgültig zeigte sich den Marranen gegenüber der Papst. Anfangs hatte er versucht, seinen Einfluß auf die Inquisition geltend zu machen, später intervenierte er zu Gunsten dieses oder jenes marranischen Würdenträgers. Als das alles nichts nutzte, als er immer wieder auf den vereinten Widerstand des Königs von Spanien, der Inquisition und des spanischen Volks stieß, gab er es auf – überließ er die Inquisition sich selbst, Spanien der Inquisition, die Marranen ihrem Schicksal.

So waren die Marranen allein – ohne Freunde, ohne Schutz, ohne Bundesgenossen – Freiwild für die Inquisition.

Ja, in der ersten Zeit, in jenen Jahren, als auch noch die Juden im Land waren, als die Marranen noch nicht die schwächste Gruppe im spanischen Volksleben waren, nahmen sie den Kampf auf. Sie glaubten damals gar einen Augenblick lang, die Inquisition niederringen zu können.

Schon die erste Sitzung der Inquisition in Spanien sollte gesprengt werden. Das war in Sevilla 1481. Diego de Suzan, einer der reichsten Bürger der Stadt, sammelte die Marranen, sorgte für Waffen, bereitete den Aufstand vor. Doch seine Tochter, die wegen ihrer Schönheit la fermosa fembra hieß, verriet das Geheimnis in einer schwachen Stunde ihrem Liebhaber – durch ihn erfuhr es die Inquisition. Es ist erstaunlich, wie seit Hammurabis Zeiten alle Verschwörungen ganz auf dieselbe romantische, nur in ihrer Häufung etwas einförmige Weise verraten werden. Diego de Suzan und seine Mitverschworenen endeten auf dem Scheiterhaufen, auf dem ersten, der in Spanien brannte. Auf dem Campo vor der Stadt war ein Quemadero, ein Brandstuhl aus festem Material, errichtet worden, um zu zeigen, daß die Inquisition als eine Einrichtung von Dauer gedacht war. Der fromme Mann, der die Errichtung des Brandstuhls bezahlte, wurde dafür zum Kämmerer der Inquisition ernannt und endete ein Jahr darauf als rückfälliger Jude auf dem von ihm gestifteten Quemadero. La fermosa fembra, die Schöne, die den Aufstand der Marranen verraten hatte, verlor den Statuten gemäß ihr Erbe, doch die Kirche nahm sich ihrer mildtätig an und brachte sie in einem Kloster unter. Von dort flüchtete sie, um ein Leben in Lust und Freude, wenn auch nicht in Ehren, zu führen, sie starb, wie es in der Chronik von Sevilla heißt, in Elend und Schande. Aber sie hatte in einem Anfall von Reue verfügt, daß ihr Schädel an der Wand des Hauses, in dem sie also fröhlich gelebt, angebracht werde. Und da habe ich ihn noch 1931 gesehen.

Über die Verschwörung von Zaragoza, in deren Verlauf der Inquisitor in der Kathedrale erstochen wurde, habe ich schon in der vorigen Lesung berichtet. Auch hier wurden die Marranen in Scharen verbrannt, es müssen nach den Listen etwa zweihundert gewesen sein. Von nun an findet sich kein Bericht über Verschwörungen, Aufstände, Revolten mehr in den Chroniken und Akten – gewiß haben die Marranen noch manchen Plan gefaßt, noch dies und das vorbereitet. Aber zu einem Ausbruch ist es nie mehr gekommen in den mehr als dreihundert Jahren, während die Inquisition Spanien terrorisierte.

Widerstand fand sich ein Jahrzehnt später noch einmal in den höchsten Kreisen. Der Inquisitor Lucero in Cordova, der sich einen angesehenen Namen gemacht hatte, weil er den Marranen ungeheure Summen abgenommen hatte, wollte ein übriges tun. Also verkündete er, einer großen Verschwörung auf die Spur gekommen zu sein. Die führenden Marranen im Land seien entschlossen, das Judentum in Spanien zur herrschenden Religion zu machen. Fünfundzwanzig Prophetinnen zögen durch das

Land, um für das Judentum Stimmung zu machen. Fünfzig hochstehende Persönlichkeiten, darunter Prälaten und berühmte Kanzelredner, gäben diesen Damen das Geleit als Missionare. In den Augen des Volks gewannen diese Behauptungen Luceros phantastische Formen – Zeugen wollten später gesehen haben, wie die Prophetinnen auf Ziegenböcken durch die Luft von einer marranischen Massenversammlung zur anderen reisten. Lucero verhaftete überall im Land, wen er von den Marranen fassen konnte. Nachweisen konnte er ihnen nichts. Aber er brauchte auch nicht viel. Ein Theologe sollte Lehren verbreitet haben, die an die Gesetze Mosis anklängen – 107 Personen, die ihn gehört hatten, wurden dafür lebend verbrannt. Die Kerker lagen voll. Die Angst im Land war so groß, daß sich die Bevölkerung an den König, an den Papst und an den Großinquisitor Deza wandte, an Luceros Vorgesetzten.

Unbekümmert um alles das ging Lucero in seinem Wüten weiter. Er wandte sich gegen den Erzbischof von Granada, Talavera, einen Greis von achtzig Jahren, den Beichtvater der verstorbenen Königin Isabel, der im Land als das Muster geistlicher Tugend galt, aber Marranen unter seinen Vorfahren hatte. Eine Frau, die Lucero gefangenhielt, sagte unter der Folter aus, daß sie eine der Prophetinnen sei und in ihrem Haus eine Synagoge unterhalte. Sie wollte ferner im erzbischöflichen Palais einer Versammlung beigewohnt haben, in der der Erzbischof, die Bischöfe von Almeria und Jaen und eine Reihe der höchsten Beamten und Verwandten Talaveras die Herrschaft der Juden und der jüdischen Lehre über Spanien beschlossen hätten.

Nun läßt Lucero die Verwandten und Freunde Talaveras beim Hochamt in der Kathedrale verhaften, in den Kerker werfen, foltern. Die Häuser vieler Adliger werden von ihm öffentlich als Synagogen bezeichnet. Aber jetzt wird es auch dem Volk zu toll, zu viel. Unter Führung zweier Grafen, die marranisch versippt sind, brechen Neu- und Altchristen in den Alcazar ein, wo das

Tribunal tagt, sie nehmen die Inquisitionsrichter fest, befreien die Gefangenen – Lucero flieht.

Aber er ist bald wieder zurück. Denn der Großinquisitor Deza, der seltsamerweise selbst von Marranen stammt, wie der ganze hohe Adel, stellt sich hinter den Wüterich. Und der Papst, der Mediceer Julius II.[56], der Schirmherr Michelangelos und Raffaels, dekretiert, die Juden, die sich für Christen ausgäben und es wagten, sich gegen die Inquisition aufzulehnen, seien mit Stumpf und Stil auszurotten. Keine Mühe sei zuviel, diese Pestilenz zu unterdrücken, bevor sie sich weiter ausbreite, überall müßten die rückfälligen Marranen aufgespürt und ihrer Strafe zugeführt werden.

Lucero erhält seine Gefangenen zurück, der Terror im Land geht weiter, immer neue Marranen werden arretiert. Aber die Akten mit den wilden und tollen Anklagen gegen den Erzbischof Talavera, für den sich alle Gelehrten seiner Zeit einsetzen, sind inzwischen nach Rom unterwegs, der Papst spricht Talavera frei – der alte Herr stirbt gleich darauf und gilt im Volk nun als Heiliger, als Märtyrer.

Der Inquisitor Lucero muß seine Gefangenen freilassen. Der Großinquisitor, der sich nun auf das päpstliche Breve und die Volksmeinung stützt, läßt Lucero festnehmen, in Ketten legen. Er wird vor das Tribunal gestellt. Im Urteil heißt es, es sei kein Beweis für das Bestehen der Synagogen, für das Treiben der durch die Luft rasenden Prophetinnen, für die Abtrünnigkeit Talaveras und seiner Verwandten erbracht worden. Wozu Lucero schließlich verurteilt wurde, ist nicht klar, er blieb jedenfalls lange Zeit in Haft, dann wurde er freigelassen, und schließlich starb er friedlich als Domherr.

Daß Lucero ein tollwütiger Narr war, gefährlich für jedermann, ein geisteskranker Fanatiker, steht fest – es hat solche Burschen zu allen Zeiten gegeben. Aber es ist charakteristisch, daß er jahrelang ungestraft sein Wesen treiben durfte, daß die Inquisition im zweiten Jahrzehnt ihres Bestehens schon so allmächtig war, daß sie diesen

Mann gegen das Volk, gegen die Vernunft halten konnte. Und wenn auch die Inquisitoren in Zukunft ein wenig vorsichtiger mit ihren Behauptungen über jüdische Verschwörungen waren – sie töteten und folterten darum nicht minder oft, nicht minder grausam. Wir wissen nur wenig davon, weil die Angst vor dem Heiligen Tribunal von Jahr zu Jahr wuchs.

Der Sieg über Lucero blieb der einzige Triumph der Marranen im ganzen Verlauf ihrer Geschichte auf spanischem Boden. Und nie wieder gelang es ihnen, das Volk für ihre Sache gegen die Inquisition zu gewinnen – wahrscheinlich haben sie es auch nie wieder versucht. Die Inquisition, durch den Fall Lucero klug geworden, beschränkte sich von nun an bei der Auswahl ihrer Opfer auf die Marranen als Stand, auf die Angehörigen des gehobenen Mittelstands, auf Bankiers und Großkaufleute, auf Akademiker und wirklich Judaisierende – das war einfacher, machte wenig Scherereien und brachte Geld. Dem Volk machte es gewiß nichts aus, wenn einer von den Reichen verbrannt wurde – allmählich gewöhnte man sich an die Inquisition, an die Kerker, an die Autodafés.

Gewiß, es wurde mitunter gemurrt. Hundert Jahre später haben die Stände von Kastilien eine Eingabe an den König verfaßt, in dem sie das wüste Treiben der Inquisition geißelten und um Abhilfe baten. Doch die Inquisitoren lagen auf der Lauer, die Beschwerde verschwand in dem Aktenbündel, in dem sie noch heute liegt, ungelesen.

Es ist auch richtig, daß der rechtschaffene Bürger der heiligen Inquisition bald überdrüssig war, des anmaßenden, arroganten Benehmens ihrer Beamten vor allem, die in einem damals jedermann erstaunenden Maß korrupt waren. Alle, so heißt es in einer Eingabe aus dem Jahre 1544 aus Barcelona, bis auf zwei, trieben unerlaubten Umgang mit Frauen, alle nähmen Geschenke, erhöben gesetzwidrige Gebühren, zankten sich auf widerwärtige Art untereinander in aller Öffentlichkeit. In einer anderen Beschwerde heißt es, weitere fünfzig Jahre später, daß ein Edelmann, der sich geweigert hatte, dem Bekannten eines Dieners eines Inquisitors ein Pferd zu überlassen, mit 200 Peitschenhieben bestraft wurde und auf die Galeere wandern mußte. 1608 erließ die Inquisition einen Befehl, daß niemand, der für das Tribunal einkaufe, die Waren mit Gewalt und ohne Bezahlung nehmen dürfe. Immer wieder finden wir in den Akten Beschwerden über die handeltreibenden Inquisitionsbeamten, die mit der Macht der Inquisition Geld zu machen wußten.

Aber mit den Marranen, mit dem Schicksal der Tausenden, die alljährlich verbrannt, gefoltert, gebüßt wurden, hat das alles nichts zu tun. Das Volk murrt und beschwert sich in eigener Sache. Daß die Marranen ausgerottet und ausgebeutet werden, findet es offenbar ganz in der Ordnung. Und auch die Gelehrten, die Wissenschaftler und Philosophen, haben nie in drei Jahrhunderten Anlaß genommen, ein Wort zu Gunsten der Verfolgten zu sagen, wenn sie auch gewiß wußten, wie wenig fundiert die Anklagen durchweg waren.

An der Spitze der Inquisition stand der Großinquisitor. Von Torquemada an, der 1483 sein Amt antrat, bis auf den letzten seiner Nachfolger, der 1834 abtrat, gab es ihrer 49. Und es läßt sich wenig von ihnen sagen. Sie wechselten so oft wie die Päpste, doch während das Leben im Vatikan mit dem Inhaber des höchsten Amts der Christenheit vom Hellen zum Düstern umschwang und umgekehrt, bleiben die Großinquisitoren farblos: die Inquisition ist ein gewaltiger Apparat, eine Bürokratie, in Jahrzehnten und Jahrhunderten eingelaufen, das geht dort alles nach erprobten Regeln – es ist nicht so wichtig, wer an der Spitze sitzt. Unter den ersten Großinquisitoren ist auch ein Holländer seltsamerweise, Adriaan van Utrecht, der nach vierjähriger Amtstätigkeit zum Papst gewählt wurde – er war nicht besser als die anderen, die mit Ausnahme eines Deutschen alle Spanier waren.

Es läßt sich auch von den einzelnen Inquisitoren nicht viel sagen, die einen waren härter, die anderen auch schon mal zu einem Freispruch geneigt – am Bild der Inquisition ändern sie nichts, das ist einheitlich bis zum Ende des siebzehnten Jahrhunderts. Dann, mit dem Beginn der Aufklärung, mit der völligen Assimilation der Marranen, denen schließlich kein Schimmer mehr von der jüdischen Religion geblieben war, wird man langsam milder, die Zahl der Scheiterhaufen nimmt ab. Wann der letzte Marrane lebend verbrannt wurde, wissen wir nicht genau – unter König Karl III., der bis 1788 über Spanien regierte, waren es noch vier.

So wichtig wie die Inquisition im Land war die Inquisitionspolizei, die Familiaren, die Vertrauten – die Männer, welche die Opfer zu finden, zu holen, zu strafen hatten. Es gab deren uniformierte und in Zivil – Polizisten und Kriminalbeamte, würden wir heute sagen. Sie waren außerordentlich zahlreich, sie waren der eigentliche Schrecken des Lands. Sie unterstanden nur der geistlichen Gerichtsbarkeit, nur ihren unmittelbaren Vorgesetzten, den Inquisitoren – kein königliches Gericht, keine staatliche oder städtische Behörde hatte ihnen dreinzureden, hatte Gewalt über sie. Sie konnten tun und lassen, was sie wollten. Das war ein ungeheuer weitreichendes Privileg.

Immer wieder, von den ersten bis in die letzten Tage der Inquisition wird gesagt, daß sich zum Amt der Familiaren alle jene Elemente drängten, die wegen ihrer unfriedlichen Art Grund hatten, Schutz vor den weltlichen Gerichten zu suchen. Sie mußten Fragebogen für ihre Eignung ausstellen, in denen altchristliche, rein spanische und eheliche Abstammung, ein Alter von wenigstens 25 Jahren, ein tugendhaftes, ruhiges und friedliches Wesen nachgewiesen sein mußte. Es scheint, als ob diese Fragen nicht immer ganz wahrheitsgemäß beantwortet wurden. Denn aus dem Jahr 1649 haben wir eine Verfügung des Königs, daß Familiaren, die mit bewaffneten Räuberbanden durch das Land zögen, ihre Privilegien verlören. Die Stände richteten 1545 an den Großinquisitor ein Gesuch, in dem gesagt wird: Die Familiaren sollten unbescholtene Leute sein, statt dessen sind Mörder, Verbrecher und Leute vom übelsten Ruf darunter, Kerls, die ihre Schulden nicht bezahlen wollen und schmutzige Geschäfte treiben. Und wir haben auch die Antwort des Großinquisitors: Was die Verwendung von Verbrechern angehe, so brauche die Inquisition allerlei Leute für ihre verschiedenen Aufgaben; wer sich geschädigt fühle, brauche sich nur an das heilige Tribunal zu wenden, das ihm Recht verschaffen werde.

Die Inquisitoren ernannten solche Familiaren nach Belieben, gaben ihnen Waffenscheine und ließen sie auf die Marranen los. Es war unmöglich zu erreichen, daß über die Ernennungen Listen geführt und den weltlichen Behörden mitgeteilt wurden, damit man wisse, wer seinen Gerichtsstand bei der Inquisition habe. Schon der König Fernando, der die Inquisition berief, wies gegen Ende seines Lebens in einem Schreiben an die Inquisitoren auf die zahllosen Beschwerden der königlichen und städtischen Behörden hin über die zahllosen wilden Gesellen, die mit einem Schein von einem einzigen Inquisitor versehen, in Banden umherzögen und den Landfrieden störten, ohne daß die bürgerlichen Gerichte eingreifen dürften.

Solch ein Amt war natürlich Geld wert, und so wurde ein schwunghafter Handel damit getrieben. Im Jahre 1641 wurde eine solche Stelle für 1 500 Dukaten ausgeschrieben, im Jahr darauf wurden dreihundert Posten auf einmal angeboten, wodurch der Preis fiel. Aber auch Personen aus dem Bürgerstand und aus dem Adel waren bereit, geheime Familiaren zu werden – es war eine Sicherung gegen die Inquisition, gegen die bürgerlichen Gerichte und die staatlichen Instanzen, das gab die Möglichkeiten zur Vernichtung von Konkurrenten, Gegnern, Gläubigern.

Diese Inquisitionspolizei war schlimmer als die Inquisition selbst. Ihre Unabhängigkeit von allen weltlichen

Instanzen, das Recht, sich zu holen, wen sie wollte, zu erpressen, zu drohen, gab den Familiaren, rohen, wüsten, skrupellosen Kerlen, eine unvorstellbare Macht. Wer ihnen nicht paßte, wer sie verärgert hatte, wer nicht zahlte, wurde in die Kerker der Inquisition geschleppt und verkam dort. Denn der Umstand, marranischer Abkunft zu sein, gab in Verbindung mit der Folter immer Anlaß, die Verhaftung zu rechtfertigen.

Das Verfahren vor dem Inquisitionstribunal hat mit dem sonstiger Rechtsprozeß nichts zu tun, es ist die Inquisitio, ein Verfahren eigener Art. Der Angeklagte gilt als schuldig von vornherein. Ziel des Verfahrens ist, ihn zum Geständnis zu überreden oder zu zwingen. Mittel der Verteidigung gibt es für ihn nicht. Das Ergebnis hängt davon ab, wieviel er körperlich, auf der Folter, ertragen kann. Hörensagen gilt als Beweis.

Der Unterschied zwischen dem weltlichen und dem Inquisitionsverfahren aber lag vor allem in dem Geheimnis, in das sie ihr ganzes Tun hüllte. Niemand durfte über das, was er erfuhr, sah oder erlebte, jemals in der Außenwelt sprechen. Bei seiner Entlassung in die Freiheit oder zum Strafantritt hatte der Angeklagte ein Schriftstück zu unterzeichnen, in dem er unter Eid und bei Strafandrohung erklärte, niemandem über das innerhalb des Kerkers und des Verfahrens Gehörte zu berichten. Als der allmächtige Philipp II. einmal einen bedeutenden Arzt zu konsultieren wünschte, der im Kerker der Inquisition lag, gab der Großinquisitor auf zweimaliges Ersuchen keine Antwort und erklärte dann, wenn jene Person im Gefängnis sei, so könne sie nicht herausgelassen werden, auch dürfe niemand sagen, ob sie wirklich im Kerker sei oder nicht. Der König beschied sich dabei. Der venezianische Gesandte berichtete 1573, daß man von den Opfern und ihren Prozessen erst dann etwas vernehme, wenn die Urteile in den Autodafés bekannt würden. Je größer das Geheimnis, umso größer die Ehrfurcht vor dem heiligen Tribunal, erklärte einer der Großinquisitoren. Das Geheimnis bezog sich nicht nur auf Glaubenssachen, sondern auf alles, auch auf die Einzelheiten des Stammbaums und dergleichen.

Die Gefangenen der Inquisition kamen in einen besonderen Kerker, in den geheimen Kerker, wie er hieß, der meist mit dem Gerichtsgebäude verbunden war. An sich ging es in diesen Kerkern nicht schlimmer zu als in allen anderen dieser Zeit, ungesunde Gefängnisse waren damals die Regel, und die Sterblichkeitsziffer war überall groß. Schlimm aber war, daß die Abführung in die Kerker der Inquisition als Makel galt, der die ganze Familie, ja, die ganze Verwandtschaft befleckte, der in der Praxis unauslöschlich war, auch in dem seltenen Fall, daß der Angeklagte freigesprochen wurde. Noch schlimmer aber war die Unterbindung jedes Verkehrs mit der Außenwelt. Von seinen Angehörigen erfuhr der Gefangene nichts, nicht im Prozeß und auf keinem anderen Wege, sein eigenes Los konnte er nicht erraten, bis er, nach Jahren vielleicht, zu lebenslänglichem Gefängnis oder zu den Galeeren verurteilt war oder beim Auto da fé erschien, um verbrannt zu werden. Selbst dann, vor ihrem Tod, erfuhren sie nichts über das Schicksal ihrer Angehörigen.

Daß die Folter angewandt wurde, versteht sich von selbst. Es ist merkwürdig, daß allgemein die Folter mit der spanischen Inquisition in Verbindung gebracht wird, obwohl sie, was wir nicht vergessen dürfen, in jenen Jahrhunderten allerorten üblich war. In Preußen hat sie erst Friedrich der Große abgeschafft. Die von der Inquisition angewandte Folter war vielleicht nicht schlimmer als manche andere, aber in ihren Kerkern gab es so zahlreiche Folterinstrumente, die Folterung war mit soviel Förmlichkeiten umgeben und sie war so selbstverständlich für ein jedes Verfahren, daß sie von dem Begriff Inquisition unlöslich schien. Sie wurde auch dann angewandt, wenn ein Geständnis vorlag, denn es ging auch darum, von den Angeklagten die Namen neuer Verdächtiger zu erfahren, das Geständnis zu ergänzen, wie es hieß. Vor der Folter gab es keine Altersgrenze, in den

Akten finden sich die Protokolle über die Folterung eines elfjährigen Knaben, eines dreizehnjährigen Mädchens, vieler Greise, darunter die einer neunzigjährigen Frau. Einige solcher Folterprotokolle sind veröffentlicht worden – sie sind so grausig und abstoßend, daß wir darüber hinweggehen wollen.

Strafen gab es in allen Graden. Aber bestraft wurde immer. Die gelindeste war der Verweis – wohlverstanden: für die als völlig unschuldig Erkannten. In den Akten von Toledo heißt es ständig: ›Da kein Vergehen festgestellt wurde, erhielt er einen Verweis mit Verwarnung für die Zukunft‹. Das nächste war die Abschwörung für Verdächtige – für solche also, die man heute ›mangels Beweis‹ freisprechen würde. Es gab zwei Arten der Abschwörung, de levi und de vehementi – sie erfolgte stets beim Auto da fé in aller Öffentlichkeit. Die Verbannung wurde häufig verhängt, meist gegenüber Personen, die man aus irgendwelchen Gründen schonen wollte. Eine andere seltsame Strafe war das Niederreißen der Häuser.

Das waren die leichten Strafen. Verbunden mit anderen Strafen war meist die Geißelung, die gleichfalls öffentlich im Autodafé erfolgte. Fast ein Drittel aller Bestraften wurden ausgepeitscht, und zwar durch den Henker. Die Inquisition kannte dabei keine Schonung. Wir lesen, daß ein dreizehnjähriger Morisco und ein sechsundachtzigjähriger Marrane zu je 100 Hieben verurteilt wurden, aber zweihundert Hiebe waren die Regel. Die Verguenza, wörtlich ›die Schmach‹, bedeutete die öffentliche Vorführung beim Autodafé in einem Schandkleid. Die Galeerenstrafe war nicht selten.

Die Aussöhnung war die häufigste aller Strafen. Dabei mußte der Büßende ohne Gürtel und Mütze, im Büßerkleid aus gelbem Zeug mit zwei roten Streifen, eine Kerze in der Hand auf dem Autodafé erscheinen, alle eingestandenen Irrtümer feierlich abschwören, um dann, vom Bann freigesprochen, wieder in die Kirche aufgenommen zu werden.

Das lebenslängliche Gefängnis stand als nächste in der Hierarchie der Inquisitionsstrafen. Die nächste, der Sanbenito, war dagegen nur der Inquisition eigentümlich. Tausend und Tausende sind dazu verurteilt worden. Der Sanbenito war das gelbe Schandkleid, das, nachdem es beim Autodafé getragen war, mit dem Namen des Gebüßten versehen, in der nächsten Kirche für alle Zeiten aufgehängt wurde, um stets an die Schande zu erinnern.

Die eigentliche Strafe aber war der Feuertod. Sie wurde oft verhängt, auch in Fällen, wo der Angeklagte ein freiwilliges Geständnis abgelegt hatte, und vor allem, wenn es um Marranen ging, denen vorgeworfen wurde, ins Judentum zurückgefallen zu sein. Fast bei jedem Autodafé wurden Marranen verbrannt – der letzte gegen Ende des 18. Jahrhunderts. Aber wir wollen auch nicht übersehen, daß noch 1813 in Berlin eine Brandstifterin lebendig verbrannt worden ist.

Wir wissen, daß manche der Marranen standhaft als Bekenner des jüdischen Glaubens starben. Aber das waren, seien wir uns darüber klar, Ausnahmen, wenn es auch bei Graetz und Kayserling so scheinen mag, als ob es die Regel gewesen wäre. Tapferkeit auf dem Scheiterhaufen ist selten. Und dann: die meisten, die so starben, wußten nichts von dem Glauben, für den sie sterben sollten. Sie hatten ein paar Riten befolgt, ein paar unvorsichtige Reden geführt – von der Religion der Juden war zu einer Zeit, da es schon lange keine Juden mehr in Spanien gab, keine Spur mehr. Aber wir wissen auch von mehreren Fällen, da Männer altchristlicher Abstammung, die mit Marranen nicht verwandt und versippt waren, für den jüdischen Glauben auf dem Brandstoß starben – sie waren bei ihren theologischen Studien zur Überzeugung von der Richtigkeit des alten Glaubens gelangt.

Vom Autodafé kann ich Ihnen hier nichts erzählen – das würde zu weit führen. Aber diese gewaltige Feierlichkeit, über die wir viele Berichte im einzelnen haben, ist in einem seltsamen und seltenen Buch nachzulesen, das nicht weniger als 340 Seiten umfaßt. Es ist die offizielle Beschreibung des Autodafé, das im Jahre 1680 mit 118 Delinquenten zu Madrid stattfand – die meisten waren Marranen. Darüber hinaus gibt es eine ganze Literatur jener Predigten, die von den Mönchen gehalten wurden, wenn sie die Ketzer zum Brandstoß begleiteten, zur Reue und zum rechten Glauben ermahnten. Solche Reden, als Broschüren gedruckt, finden sich häufig im Buchhandel, sie richten sich oft gegen die jüdische Religion.

Man sollte annehmen, daß der Tod auf dem Scheiterhaufen das Schlimmste wäre, was einem Menschen geschehen könne. Aber das Spanien im ausgehenden Mittelalter hat eine Strafe geschaffen, die in den Zeiten der Bibel als symbolisch zitiert wird, wenn es gilt, einen Menschen zu verfluchen: die Rache bis ins dritte, bis ins vierte Glied. Ja, die Inquisition hat dafür gesorgt, daß es eine solche Strafe bis ins zehnte Glied, in einer ewigen Kette gibt. Ich muß von der Limpieza[58], von der Reinblütigkeit berichten, von der Registrierung marranischen, jüdischen Bluts, durch die Generationen.

Seltsamerweise habe ich bei meinen Aktenstudien die Limpieza häufiger in Portugal als in Spanien gefunden. Bei den zahllosen Inquisitionsprotokollen, die im Archiv des Torre do Tombo in Lissabon liegen, wiederholt sich immer dasselbe. Bei Beginn des Verfahrens wird festgestellt – aus Zeugenaussagen, aus Akten, aus weitläufigen Erkundigungen – wie groß der Prozentsatz jüdischen Bluts bei dem Angeklagten ist. Der Angeklagte hat vier neuchristliche, vier altchristliche Urgroßeltern, heißt es da. Oder er hat nur ein Achtel jüdisches Blut. Oder es ist ein Neuchrist durch alle seine Vorfahren.

Warum das festgestellt ist, geht aus dem weiteren Verlauf des Protokolls nicht hervor, denn das Verbrechen, dessen er angeklagt ist, wird dadurch nicht größer und nicht geringer, die Strafe fällt nicht anders aus. Es scheint vielmehr, als ob es darum geht, die Beziehungen des Angeklagten zu anderen bereits Bestraften festzustellen.

Denn nicht nur die Vorfahren werden auf ihr Blut hin geprüft, sondern auch die Geschwister und ihre Nachfahren sind mit ihren Blutanteilen anzugeben, die Onkeln und Tanten, die Vettern und Cousinen.

Schon in der Bulle des Papsts, in der die Inquisition errichtet wird, finden wir den Unterschied zwischen Alt– und Neuchristen festgelegt. Dort heißt es, daß die Inquisitoren Altchristen sein müssen. Dann gingen die Universitäten daran, die Verleihung von akademischen Graden an übergetretene Juden sowie an die Söhne und Enkel von Glaubensverurteilten zu untersagen. Seit 1530 führte die Inquisition aus ihren Archiven genaue Register der Verurteilten und ihrer Nachkommen – sie führte diese Listen, wohlverstanden, dreihundert Jahre lang, mit aller Gründlichkeit.

Sehr bald aber schon wurde die Feststellung der Blutsreinheit bürokratisch geregelt. Für alle geistlichen und weltlichen Beamtenstellen wurde die Limpieza verlangt, jeder kleine Chorknabe und jeder Marktaufseher hatte seine Ahnen nachzuweisen, damit auch kein Tropfen jüdischen Bluts in den Adern der Beamten fließe. Für die Prüfung des Stammbaums mußten sehr ansehnliche Gebühren hinterlegt werden.

Recht häufig wurde die Limpieza angegriffen, zahllose Schriften liegen in den Archiven, in denen ihre Verteidigung versucht wird – das geschieht mitunter mit recht seltsamen Gründen. Martin Luther mit seinen Anhängern wird dort beispielsweise zu den Juden gerechnet. Ein Bischof, der die Limpieza mit Eifer vertritt, erklärt, er habe bei seinem Amtsantritt fast sämtliche Pfründen in den Händen von Judenabkömmlingen gefunden, sodaß die Gefahr bestanden habe, den Sprengel eines Tages ganz in den Händen der Juden zu finden. Ebenso sehe es in anderen Berufen aus, denn die Richter, Advokaten, Notare, Steuerpächter seien vorwiegend, die Ärzte und Apotheker ausschließlich jüdischer Abkunft – trotz allen, welche die Inquisition schon verbrannt habe und täglich verbrenne. Sie wählten die letzteren Berufe nur, um die Christen zu töten, Giftpulver in die Wunden zu streuen und dergleichen. Immer wieder wird von der Inquisition die geistige Überlegenheit der Marranen als erschwerendes Moment angeführt, die strebsame, unruhige und skrupellose Rasse stifte Unfrieden – also müßten sie von den guten Altchristen getrennt gehalten werden.

Schon zu Lebzeiten Fernandos und Isabels, nach dreißig Jahren der Inquisition, hat eins ihrer Mitglieder ein Buch angelegt, in dem alle ihm bekannt gewordenen Familien marranischer Abkunft im Königreich mit ihren Stammbäumen festgelegt waren. Die Libro Verde, das Grüne Buch von Aragonien, ist 1917 zum letzten Mal neugedruckt worden. Im Jahre 1560 hat der Kardinal Mendoza y Bobadilla eine Denkschrift verfaßt, in der er mit aktenmäßiger Gründlichkeit festlegte, daß im gesamten Hochadel Spaniens jüdisches Blut fließe. Die Schrift ist später gedruckt worden, sie ist sehr selten. Und erst im vorigen Jahr ist mir hier in Amsterdam ein Exemplar zur Hand gekommen.

Wenn man sich mit der Geschichte der Marranen befaßt, stößt man immer wieder auf die Limpieza, auf die Blutproben, und immer wieder stößt man auf seltsame Dinge. Das Merkwürdigste habe ich vor einigen Jahren hier in der Universitätsbibliothek damit erlebt. Da liegt ein Buch des Herzogs von Berwick und Alba[59] über seine und der Kaiserin Eugenie[60] von Frankreich Vorfahren, die eine Kusine seines Vaters war. Ich blätterte im Inhaltsverzeichnis und fand da zu meinem nicht geringen Erstaunen eine lange Reihe von marranischen Familien genannt. Familien, die mir aus der Arbeit, vor allem aus den Forschungen über jene aragonischen Marranen bekannt waren, die Inquisitor Arbues im Dom zu Zaragoza ermorden ließen, wie ich in meiner vorigen Lesung erzählte.

Ich blätterte schleunigst weiter, schlug die Familien auf. Und da war etwas noch Erstaunlicheres: hinten im Text fanden sich die Familien nicht – die standen nur im Inhaltsverzeichnis. Nur eine Familie fand sich, die der

Clemente, die von dem königlich aragonischen Hofschneidermeister Moses Chamorro abstammen. Und bei dieser Familie war eine Ehrenrettung ins Altchristliche versucht, mit sehr unzulänglichen Mitteln und wenig überzeugend. Die anderen Familien, etwa ein Dutzend, waren ganz einfach nicht da. Der Herzog hatte bei seinen Studien feststellen müssen, daß es Marranenfamilien waren – eine Moriscofamilie ist übrigens auch unter den fehlenden – und da hat er vorgezogen, sie lieber ganz wegzulassen.

Immerhin – ich war Sr. Durchlaucht für den Wink dankbar. Als ich bald darauf nach Paris kam, nahm ich mir in der Bibliotheque Nationale alle Schriften über das Haus Montijo y Teba vor, es war eine lange und recht mühevolle Arbeit. Aber ich konnte doch zu der recht lustigen Feststellung gelangen, daß Eugenie, Kaiserin von Frankreich, die Gemahlin Napoleons III., zum guten Teil jüdischen Bluts ist. Sie, die gute Katholikin, hat das gewiß nicht geahnt.

Vierter Teil

Meine Damen und Herren,

mit diesem vierten Vortrag will ich die eigentliche, die wirtschaftlich und politisch bedeutungsvolle Geschichte der Marranen beginnen. Den Bericht von ihrer abenteuerreichen Wanderung unter den Völkern, von ihrem Kampf um eine neue Heimat, um ein eigenes Leben, ein eigenes Reich. Von ihren Versuchen, sich zu rächen für alles, was man ihnen angetan. Von ihrem Streben, ein neues geistiges Fundament zu gewinnen. Von den vielen widerspruchsvollen Gründen, die sie zum Judentum zurückführten. Von ihrem Glanz und ihrer Glorie, der ein schneller, ungehemmter Abstieg folgte.

Nur ein Jahrhundert lang währte ihr goldenes Zeitalter, von 1550 bis 1650 etwa. Was alles aber geschah nicht in dieser kurzen Periode! Wie weitgefügt war das Netz ihrer Stützpunkte, wie großartig jedes Unternehmen, das sie wagten, wie jäh und heftig der Krieg, den sie gegen die alte Heimat führten. Dabei blieben sie stets gewollt und bewußt, Kaufleute. Sie waren, wie bislang in Spanien, ein Stand, der aber diesmal die ganze Welt erfaßte. Sie wurden wirtschaftlich eine Macht. Sie wurden gar politisch ein Faktor. Sie erlangten ihre geistigen Höhepunkte: Montaigne[61] und Spinoza[62].

Will man die Marranen dieser Zeit wirtschaftlich und politisch einordnen, so muß man sie an die Seite der Kaufmanns-Republiken stellen, neben Venedig und Genua, Augsburg und Amsterdam. Ich weiß, daß ich mit dieser Einordnung recht kühn bin, aber ich glaube, sie rechtfertigen zu können. Denn ich möchte die Geschichte der Marranen mit völlig anderen Augen sehen, als das bisher geschah, andere Gesichtspunkte betonen, den Marranen eine neue Bedeutung geben – mag meine Auffassung auch jeder anderen bisher klar und grob widersprechen.

Ich möchte auch, um das vorweg zu sagen, bei der Beurteilung und kritischen Betrachtung eine völlig andere, neue Technik anwenden – es bleibt Ihnen überlassen, mir zu entgegnen, wenn Sie die alte, die von Graetz, Dubnow, Cecil Roth, für besser halten.

Vor allem und zu Beginn möchte ich darauf hinweisen, daß die Marranen, von denen ich in diesem und im nächsten Vortrag erzähle, nur eine ganz kleine Schar waren, nur wenige tausend Menschen, über die ganze Erde zerstreut. In der Literatur über die Marranen, die ja so umfangreich, so bunt und so ungeordnet ist, stehen Autor und Leser stets unter dem Eindruck, als seien die Marranen gleich einer Völkerwanderung über die damalige westliche Welt gekommen, als hätten sie sich wie Heuschrecken über die großen Handelsplätze ergossen. Dem war nicht so. Nimmt man die Ziffern der Marranen in ihrer Blütezeit – 1640 etwa –, so kommt man, nimmt man alle marranischen Gemeinden zusammen, auf höchstens 6 000 Menschen insgesamt – wahrscheinlich waren es erheblich weniger.

Denn es geht in unserer Betrachtung von nun an – bitte, beachten Sie das – nur um jene Marranen, die die Pyrenäenhalbinsel verließen, um deren Kinder und Enkel. Nicht nur um jene, die wieder Juden wurden, auch um jene Flüchtlinge, die Katholiken blieben und jene anderen, die Protestanten wurden. Nicht aber mehr um die großen Massen, die in Spanien und Portugal blieben, von denen ist nicht viel zu berichten. Ich könnte die Opfer der Inquisition aufzählen, die in den Autodafés erschienen – das wäre alles. Denn davon abgesehen verschwinden die daheimgebliebenen Marranen von nun an aus der Geschichte, sie sind in Akten und Urkunden von den übrigen Spaniern und Portugiesen nicht mehr zu unterscheiden. Sie blieben der gehobene Mittelstand beider Länder, der brav Geld verdiente und Geld verlor, der mitunter noch eine Ahnung von seiner jüdischen Abkunft hatte und meist nichts mehr davon wissen wollte. Ob die Kaufleute, die in Spaniens künftiger Wirtschaftsgeschichte eine Rolle spielten, Alt– und Neuchristen waren, das festzustellen, hat sich noch niemand bemüht, das wird wohl auch niemand mehr aus Fakturen und Konnossementen eruieren. Die Masse der Marranen ist assimiliert und historisch verschollen – nur die einzelnen wachen auf, die von der Inquisition aus ihrem beschaulichen Leben hochgehetzt werden und ins Ausland flüchten. Und nur diese wenigen machen Geschichte. Nur von ihnen ist zu berichten.

Und ihre Geschichte beginnt später, als man gemeinhin denkt. Darf ich noch einmal kurz rekapitulieren. 1492 werden die Juden aus Spanien vertrieben. Zu den 250 000 Marranen, die schon im Land sind, kommen durch die Taufe 150 000 weitere. Von den Juden, die emigrieren, gehen 120 000 über die nächste Grenze, nach Portugal. Denn das ist nahe, man passiert nur eine Grenze, braucht nicht übers Wasser – Sitten und Sprache sind nicht viel anders, man ist beinahe noch daheim. Die anderen jüdischen Flüchtlinge emigrieren nach Nordafrika, nach den italienischen Kleinstaaten und nach der Türkei, in das Asyl aller Glaubensverfolgten.

Fünf Jahre später stellte auch der König von Portugal seine Juden, die alteingesessenen und die aus Spanien neugekommenen, vor die Wahl: Taufe oder Emigration. Binnen zehn Monaten mußte das Land verlassen, wer nicht zum Christentum übertrat.

Die meisten blieben. Sie waren des Wanderns, der Sorgen und Plagen müde, sie hatten vernommen, wie die spanischen Flüchtlinge an den Landstraßen verhungert, auf den Meeren ertrunken, in die Sklaverei verkauft worden waren, es hatten nur so wenige die rettenden Gestade der Türkei erreicht. Und der König machte ihnen das Bleiben leicht, nur ungern hätte er seine Astronomen, Ärzte und Finanzmänner entbehrt, ihr Wissen, ihre Geschicklichkeit und ihr Geld.

So entstand die dritte, die wohl größte Gruppe der Marranen – die portugiesische. Dreieinhalb Jahrzehnte später, 1531, wurde die Inquisition in ihrer scharfen spanischen Form auch in Portugal eingeführt. Und damit beginnt die Geschichte der eigentlichen marranischen Emigration. Von 1531 ab gehen die Marranen nordwärts, in die Häfen am Atlantischen Ozean.

In Antwerpen, Amsterdam, in Hamburg und London hießen die Marranen künftig offiziell und im Volksmund Portugiesen, denn sie kamen fast alle unmittelbar aus Portugal, mochten auch ihre Väter mitunter aus Spanien dorthin gekommen sein. Oft lassen sich ihre Stammbäume durch die Inquisitionsakten bis in den spanischen Stammort verfolgen, nicht selten ist ersichtlich, wie der spanische Familienname ins Portugiesische übersetzt wurde: aus de la Vega wurde da Veiga, aus Ximenez d'Aragon Ximenes d'Aragão und so fort. Auch die jüdischen Gemeinden, die von den Marranen künftig in den Hafenstädten am Atlantik gegründet wurden, nennen sich portugiesisch, denn die Mehrzahl der Mitglieder kam aus Portugal. Und noch eins kam hinzu: das Spanien dieser Zeit, das Spanien Philipps II., war der erbitterte Feind aller jener Staaten und Städte, in denen die marranischen Flüchtlinge sich niederließen – da klang es besser, war es klüger, ein Portugiese zu sein. Von 1580 bis 1640 war Portugal mit Spanien in Personal-Union verbunden – auch da war es für den Flüchtling, der nach Holland und England kam, richtiger, aus einem Land zu stammen, das von dem gemeinsamen Feind aller besetzt war und ständig gegen den Unterdrücker murrte. So finden wir, daß sich auch die marranischen Kolonien in Bayonne und Bordeaux, die direkt aus Spanien über die Berge nach Südfrankreich geflüchtet waren, portugiesisch nennen, obwohl sie fast durchweg spanischen Ursprungs sind und nie in Portugal gelebt haben.

Nun, meine Damen und Herren, muß ich Sie noch einmal bitten, alles das, was Graetz, Dubnow, Roth und die anderen über die Marranen geschrieben haben, vorläufig einmal auszulöschen. Denn das Bild, das sie uns geben, ist nach meiner Auffassung in jeder Hinsicht falsch, irrig vor allem in den Voraussetzungen.

Die Emigration der Marranen, die 1531 begann, ist eine Wanderung ganz eigener Art. Denn man flüchtet nicht in Massen, sondern einzeln, es sind ein, zwei Familien höchstens, die gemeinsam fortziehen. Und es geschieht unauffällig, ganz still. Und weiter: es ist kein jähes Ausreißen, sondern eine Flucht in Etappen, sie braucht Jahre mitunter, gar Jahrzehnte, geht erst in die Grenzgebiete des weiten spanischen Reichs und erst dann ins Ausland. Und drittens: diese Flüchtlinge werden keineswegs sofort und keineswegs alle Juden, vor dem Jahre 1600 gibt es keine einzige jüdische Gemeinde in den atlantischen Häfen, die südfranzösischen Juden nennen sich erst zweihundert Jahre nach ihrer Flucht schüchtern und zaghaft Juden.

Das sind drei Punkte, die bei den Historikern bisher völlig verwischt und unklar bleiben, obwohl sie nach meiner Meinung von entscheidender Bedeutung sind. Diese Marranen in ihrer Glanzzeit sind keine Anhängsel der lokalen Judenschaften, sie sind ein eigenes politisches, wirtschaftliches und soziologisches, ja, auch ein eigenes religiöses Gebilde. Sie hatten mit den Juden, mit den örtlichen askenasischen Juden, soweit es die in den Orten ihrer Neusiedlung überhaupt gab, nur wenig und ganz vereinzelt Kontakt, aber: sie gehörten überall zum gehobenen Mittelstand, waren Bankiers, Reeder, Importeure, sie fühlten sich zusammengehörig und als eine eigene Klasse, ganz gleich, wo sie lebten, was sie taten, ganz gleich, ob sie just Katholiken, Protestanten oder Juden waren.

Sie waren ein Gebilde so eigener Art, so heterogen nach innen und so homogen nach außen, daß es dafür in der Geschichte generell, nicht nur in der Geschichte der Juden, keine Parallele gibt. Erst viel später, in der Zeit ihres Niedergangs, werden die Marranen, was Graetz und Dubnow aus ihnen machen, werden sie zu Menschen, die innerlich und äußerlich ins Judentum zurückgekehrt sind, um Juden zu sein wie Cohn und Levi, wie jeder andere kleine Jude in Europa.

Sehen wir uns die Geschichte der marranischen Emigration einmal näher an – sie ist bisher noch nicht geschrieben worden.

Das Ausgangszentrum der Marranen ist in diesen Jahren Lissabon, die portugiesische Hauptstadt. Dort sitzen sie um die beiden großen Plätze, den Rocio und die Praça de Commercio, in den großen patrizischen Häusern, reich, stolz und selbstbewußt.

Just in den Jahren, da die Marranen zu Lissabon als eine soziale Klasse, als ein eigener Stand, entstehen, findet Vasco da Gama[63] den Seeweg nach Indien, stößt Christoph Columbus auf das amerikanische Festland, entdeckt Cabral[64] Brasilien für den König von Portugal. Der Welthandel verschiebt sich, Lissabon wird sein bedeutendster Eckpfeiler, die Marranen schalten sich ein.

Bis zur Entdeckung der neuen Seewege war der Handel in der Levante das belebende Element kaufmännischen Wesens gewesen. Den Lissaboner Kaufleuten marranischer Herkunft war es dann bei Beginn des sechzehnten Jahrhunderts gelungen, einen guten Teil des Geschäfts den Venezianern und Genuesern zu entreißen, in deren Händen es während des ganzen Mittelalters gewesen war. Denn die Marranen hatten um diese Zeit in allen Häfen der Levante ihre Geschäftsfreunde, die zugleich ihre Vettern waren. Dort saßen nämlich jene Juden, die um des Glaubens willen aus Spanien und Portugal in die mohammedanischen Länder geflüchtet waren. Sie kannten das spanische Geschäft von altersher und trieben es nun von der Levante her in die alte Heimat, wo die Marranen ihre naturgegebenen Korrespondenten waren.

Das neue, das große Geschäft aber, der Handel mit den Schätzen, die nun aus Indien, vor allem aus den portugiesischen Kolonien im heutigen Niederländisch-Indien, und aus Brasilien kamen, lag allein in marranischen Händen. Den Altchristen in Spanien und Portugal lag der Handel nicht – sie überließen ihn achselzuckend den Neuchristen, dem Stand, der Handel trieb. So, zwangsläufig, kam es, daß das Geschäft in den neuen Waren aus den Kolonien, den Kolonialwaren, wie das andere aus der Levante am größten Umschlagplatz der damaligen Welt, zu Lissabon, fast ausschließlich Sache der marranischen Firmen wurde.

Sie zeigten sich der Situation gewachsen, sie waren kühn und unternehmend, voll Initiative und Tatendrang.

Wir wissen aus den Akten von einer langen Reihe derartiger großer marranischer Firmen, wir können daraus ersehen, wie ihr Geschäftsbetrieb die ganze damalige Welt umfaßte. Ja, sogar in der Geographie hat das seinen Niederschlag gefunden. Wer zum Beispiel nach Rio fährt, passiert am Tag vor der Landung die kleine Felseninsel Fernão de Noronha, das heutige brasilianische Staatsgefängnis – sie heißt nach einem solchen marranischen Handelsherren, der um diese Zeit den Handel in Holz aus Brasilien vom König gepachtet hatte. Eins seiner Schiffe nannte er ›la Judia‹, die Jüdin – der Himmel mag wissen, warum – das ging zwischen Madagaskar und dem afrikanischen Festland unter, so daß wir das Riff, an dem das geschah, noch heute auf jeder Karte mit dem seltsamen Namen ›Bas-fond de la Judie‹, die Untiefen der Jüdin, verzeichnet finden.

Die Belebung des internationalen Warenhandels ist zweifellos zum großen Teil den Lissaboner Marranen zu danken, es gibt kaum ein Produkt, das nicht in ihren Konnossementen vorkommt: Zucker und Pfeffer, alle Gewürze und Spezereien, Seide und Wolle, Perlen und Edelsteine. Dazu waren sie Faktoren im internationalen Geldgeschäft, das um diese Zeit seine heutige Form gewann. Sie bauten die Schiffe, die sie in die Welt hinaussandten, auf ihren eigenen Werften, sie gingen mit den Schiffen hinaus. Und wir finden die jüngeren Söhne unter den Conquistadoren, welche die neuen Länder entdeckten, bereisten, eroberten.

Sie waren bei alledem – was immer wieder und nicht genug betont werden kann – ein geschlossener Stand in der Hierarchie des portugiesischen Lebens. Die Chefs der großen Handelshäuser finden wir auch durchweg als cavalleiro fidalgo, als Edelleute, bezeichnet, sie gehörten zum Adel, zu dem neuentstandenen marranischen Adel, den der König mit Brief und Siegel schuf und der vom Uradel, der landbesitzenden Ritterschaft, gesondert war.

Wir finden die Söhne dieser Firmen überall, sie arbeiteten als Prokuristen und Filialleiter des elterlichen Geschäfts, sie waren die Einkäufer in Übersee, sie fuhren als Superkargos mit den Schiffen und waren gar nicht selten deren Kapitäne, sie kämpften auch als Offiziere des Königs in den neuen wilden Welten.

Sie fühlten sich bei alle dem recht wohl, in ihrem Element, sie empfanden und dachten als Portugiesen und als Katholiken. Geben wir uns darüber keinem Zweifel hin. Gewiß, als eine geschlossene Kaste, die erst vor einem halben Jahrhundert zum Christentum übergetreten war, negierten sie ihre Abstammung nicht, vor allem nicht, wenn sie unter sich waren, aber sie hielten sich an alle Bräuche der katholischen Religion – sie waren Geschäftsleute und sinnierten nicht über theologische Fragen. Sie wollten im Lande bleiben, ihre Geschäfte betreiben, es zu Geld und Ansehen bringen. Und sie wären im Volk aufgegangen, wäre nicht die Inquisition gewesen.

Die Inquisition, die seit 1531 in Portugal wütete, suchte Opfer – ad maiorem dei gloriam, zum größeren Ruhme Gottes, gewiß, aber auch zum Nutzen der Kassen, in die sich das heilige Tribunal und der König teilten. Die Männer, die in diesen Jahren und in den vielen, die folgten, auf den Scheiterhaufen mußten, kamen allesamt aus der Marranenschaft, aus dem Stand der Neuchristen und Großkaufleute. Warum? Ganz einfach – ihr Glaube war erst jung und darum verdächtig. Zudem waren sie reich, die reichsten in Portugal.

Ein jedes Autodafé gab Anstoß zur Wanderung marranischer Familien. Ich denke dabei nicht so sehr an die Opfer selbst und deren Familien, die – entkamen sie gefoltert und in ihrem Vermögen geplündert – auf den Schiffen ins Freie flüchteten. Sondern vor allem an jene, die noch im Vollbesitz ihrer körperlichen und finanziellen Kräfte vorsorgten, damit sie im kritischen Augenblick, da die Inquisition nach ihnen faßte, nicht ohne Mittel und unvorbereitet waren.

Und da finden wir einen merkwürdigen Vorgang, der in seiner Regelmäßigkeit und steten Folge bisher nicht beachtet wurde.

Oben im Norden des spanischen Reichs lag das andere große Zentrum des Welthandels, das in jenen Jahren, in der zweiten Hälfte des sechzehnten Jahrhunderts, Lissabon und Venedig den Rang ablaufen sollte: Antwerpen.

Die Niederlande gehörten damals, im Beginn des sechzehnten Jahrhunderts zu dem großen Reich Kaiser Karls V., von dem auch Spanien ein Teil war. Antwerpen war der Einfuhrhafen für das Deutsche Reich, der große Umschlagplatz für alle Güter nach England, Skandinavien und von dort nach dem Süden. Dort gab es keine Inquisition. Der Handelsverkehr mit Lissabon wurde um diese Zeit rege. Schon im Jahre 1526 hatte Kaiser Karl V. den Neuchristen portugiesischer Nation, de Nyeuwe Kerstenen van der nacien van Portingal, wie es altflämisch in der Urkunde heißt, gestattet, sich dort dreißig Tage aufzuhalten, von dort den Güterverkehr ins Deutsche Reich zu betreiben ›vrij, veylich en onbelet, behoudelyck dat zy egheen saken en doen of vervolgen tegen Onse Heylige geloove‹.[65]

Dieses von der jüdischen Wissenschaft bisher unbeachtete Dokument, das im Stadtarchiv Antwerpen liegt, ist deshalb so interessant, weil es zeigt, wie die Marranen auch für den Kaiser in einem offiziellen Aktenstück eine gesonderte Klasse sind, klar und deutlich steht da: die neuen Christen portugiesischer Nation, und wie er ausdrücklich darauf hinweist, daß sie, derem Glaubenseifer man offenbar allgemein nicht recht traut, nichts gegen den katholischen Glauben unternehmen dürfen. Ja, aus dem Dokument ist auch ersichtlich, daß sich die Marranen selbst in ihrem Gesuch so, als die neuen Christen, die bekehrten Juden, bezeichnen. Sie machen aus ihrer Abstammung und aus ihrer Sonderstellung kein Hehl, sie scheinen eher stolz darauf zu sein. Nur für sich und ihresgleichen suchen sie um das Handelsprivileg an – nicht, was zu beachten ist, für die portugiesischen Kaufleute allgemein. Mit Altchristen hatten sie nichts zu tun, für die setzten sie sich nicht ein. Ob es unter den Portugiesen zu Antwerpen auch Altchristen gab, läßt sich nicht mehr feststellen – wir wissen, daß jene, die ausdrücklich so genannt werden, Marranen sind, für die anderen, von denen das nicht gesagt ist, bleibt es offen. Zweifellos aber hatten die Marranen die Führung.

Aus einem zweiten Dokument, das drei Jahre später, 1529, ausgefertigt ist, und mit großmächtigem Siegel gleichfalls im Archiv zu Antwerpen liegt, geht hervor, daß nun bereits eine große Anzahl marranischer Kaufleute in der Stadt niedergelassen ist – sie haben Filialen der Lissaboner Häuser errichtet und treiben fleißig Handel ins Reich. Doch schon jetzt muß der Kaiser Anlaß nehmen, seinen Beamten zu verbieten, daß sie die neuen Christen belästigen und erpressen, was offenbar unter der Beschuldigung geschehen ist, sie wollten ins Judentum zurückfallen.

Diese Beschuldigung entbehrte, dessen können wir sicher sein, jeden Grunds. Denn wir sehen ja klar, warum die Lissaboner Marranen hier im hohen Norden Filialen eröffneten, warum sie ihre Söhne und Brüder hierher schickten. Die jungen Leute kamen ja nicht allein, sie brachten riesige Warenladungen nach Antwerpen, legten gewaltige Konsignationslager hin, ihre Schiffe lagen im Hafen, ihr Geld auf den Banken – wenn nun die Inquisition, die soeben entstanden war, nach dem Vermögen der großen Lissaboner Handelsherren gierig war, hatten sie hier, im fernen Reich des Kaisers, jenseits des Griffbereichs der Inquisition eine Reserve. Dorthin konnten sie flüchten, notfalls auch ohne Geld. Dort war ein naher Verwandter, der sich um ihr Schicksal kümmerte und mit seinem Geld nachhelfen konnte, wenn Not am Mann war. Die Marranen in Lissabon hatten Vorsorge getroffen für schlimme Fälle. Ich glaube, meine Damen und Herren, Sie verstehen, wie ich es meine, wie die Lissaboner Marranen es gemeint hatten.

Aber mit der Religion hatte das nichts zu tun. Die Marranen dieser Art hier waren Kaufleute, die klug und umsichtig handelten, sie dachten nicht daran, um des Glaubens willen ihren Wohlstand aufs Spiel zu setzen. Und die Antwerpener Filiale hatte wirtschaftliche Gründe – wenn die Religion in diese Dinge hineinspielen sollte, so mußte das von der Inquisition her geschehen. Sie selbst waren, soweit sie für Fragen der Religion Zeit fanden, Katholiken. Und wollten es bleiben. Romantik war nichts, was in ihrem Denken eine Rolle spielte. Und es heißt die Situation verkennen, wollte man hier mehr, wollte man hier Sehnsucht nach dem Judentum suchen.

Die Marranen als Stand waren in Antwerpen wohl organisiert. Sie hatten auf der Place de Meir in einem schönen Bau ihr Zentrum, die Faktorei. Die war 1499, gleich nach der Vertreibung der Juden aus Portugal, entstanden. Zwölf Jahre später hatte ihnen die Stadt große ungewöhnliche Privilegien verliehen – überhaupt läßt sich sagen, daß die Stadt sich im Verlauf der Geschichte stets marranenfreundlich zeigte. Ein ungewöhnlicher Umstand, wenn man bedenkt, daß just die Städter den Juden immer feind waren. Aber die Antwerpener dachten weiter, hatten mehr Weltblick, als die Bürger der deutschen freien Reichsstädte.

Der marranische Stand hieß offiziell ›die portugiesische Nation‹. Das Wort Nation hatte damals noch nicht die Bedeutung, die wir ihr heute geben – man muß es mit Landsmannschaft übersetzen, es war die Gruppierung von Menschen gleicher Herkunft mit gleichen Interessen in einer fremden Umgebung – wirtschaftlich muß man sie mit den Gilden gleichstellen. An der Spitze standen zwei Konsuln, die die Portugiesen aus ihren eigenen Reihen wählten – der König mischte sich nicht darein. Die Konsuln vertraten die Gerichtsbarkeit, leiteten die Administration, an ihrer Seite standen Schriftführer und Schatzmeister. Sie verkehrten auf gleichem Fuß mit den anderen Nationen, mit der italienischen, der mächtigsten, die sich meist aus Genua und der Po-Ebene rekrutierte. Mit der deutschen, in der die Augsburger Häuser der Fugger und Welser führend waren.

Antwerpen war der erste Hafen moderner Prägung, eine Stadt ohne Gildenzwang, mit starker Tendenz zum Freihandel. Es gab damals dort schon eine Versicherungsbranche für alle Sparten des Geschäfts, und die Transportarbeiter im Hafen waren an Tarife gebunden. Was die Marranen alles an Gütern importierten, geht aus einer Eingabe des Magistrats zu ihren Gunsten hervor: ›zahlreiche Arten von Waren, die kostbarsten und wichtigsten, die man findet, wie Spezereien, Zucker, Wein, Öle, Baumwolle, Brasilhölzer, Elfenbein, viele Sorten Obst wie Feigen, Rosinen und ähnliche, große Mengen Perlen, Edelsteine, Ringe, Juwelen und anderes – kurz alle Arten Waren, die es gibt, sodaß die Mehrzahl der Schiffe, die in Seeland und der Stadt Antwerpen ankommen, von Portugal und den westlichen Küsten stammen – alles das wird von den genannten Neuchristen hierhergebracht.‹

Dazu waren die Marranen vor allem auch Bankiers: Gleich den Fuggern, ihren Zeitgenossen, liehen sie den Fürsten und Städten große Summen, auch Kaiser Karl kommt in ihren Büchern nicht selten als Schuldner vor.

Vom Leben der Marranen wissen wir allerlei aus den Geschäftsakten, die noch heute im Stadtarchiv zu Antwerpen liegen, aus den zahlreichen Prozeßakten, von denen noch zu sprechen ist – sogar Bilder von ihnen haben wir. Albrecht Dürer war auf seiner niederländischen Reise[66] Gast dieser Antwerpener Marranen, sie haben ihn manches Goldstück verdienen lassen, sodaß wir heute wissen, wie diese Neuchristen aussahen: ganz und gar nicht jüdisch. Just wie die anderen, die Nürnberger und Augsburger Patrizier, die Dürer sonst zu malen pflegte.

Es scheint nicht, als ob der geschäftliche Wettbewerb mit Italienern und Deutschen zu ernsthaften Differenzen je geführt hat, auch der Magistrat war ihnen stets freundlich gesinnt, und das niedere Volk, das doch an ihnen verdiente, hat sie stets hochleben lassen. Schwierigkeiten machten ihnen stets die Beamten des Kaisers. Die dachten ganz einfach an eine Methode, Geld zu machen. Und die neuen Christen, bei denen die älteren noch im Judentum geboren waren, schienen ihnen, reich, fremd, prunksüchtig, wie sie waren, just die rechten Objekte zu einem gesunden Aderlaß zu Gunsten der hohen Beamten Sr. kaiserlichen Majestät.

Nun gab es in den Niederlanden an sich keine Inquisition, aber schon die Tatsache, daß sie in Spanien wütete und nun in Portugal eingeführt wurde, schien ihnen Anlaß genug, bei den neuen Christen jüdische Bräuche zu unterstellen, um ein Vorgehen zu rechtfertigen.

Und ein paar unleugbare Fakten kamen hinzu:

Die Antwerpener Marranen hatten ihre Geschäftsverbindungen in aller Welt. Ihre Korrespondenten waren, wie ich schon sagte, in den christlichen Hafenplätzen andere Marranen, in den mohammedanischen Staaten Nordafrikas und der Türkei aber spaniolische Juden. Mit ihnen allen standen sie naturgemäß in regem Briefwechsel. Nun war aber der Kaiser just dabei, gegen den Dey von Tunis und den Sultan zu Feld zu ziehen. Lag es da nicht nahe, die Marranen der Spionage zu bezichtigen?

Und weiter: Manch einer von den Angestellten, die aus Lissabon nach Antwerpen kamen, um dort in den reichen marranischen Handelshäusern zu arbeiten, wanderte weiter: nach Venedig, nach Saloniki, nach Konstantinopel. Und einige von ihnen wurden dort wieder Juden. Wie gesagt, es waren meist kleinere Büroangestellte – aber hatten nicht die Antwerpener Handelsherren ihre Hand dazu geliehen, Christen vom rechten Glauben abspenstig zu machen, hatten sie den jungen Leuten nicht die Mittel gegeben, weit fortzureisen in ein Land, wo man sich als Jude bekennen durfte?

Die beiden Fragen reichten aus, um das Rad ins Rollen zu bringen. Die kaiserliche Bürokratie zog vom Leder und ging gleich aufs Ganze, gegen das größte und mächtigste marranische Handelshaus, die Firma Gebrüder Mendes, Lissabon–Antwerpen. Die handhabte um diese Zeit das Weltmonopol in Pfeffer.

Für uns heute ist es schwer vorstellbar, wie wichtig und kostbar Pfeffer einst war. Als Kennzeichen mag die Tatsache dienen, daß der Kaiser Karl einst, als er um die Mitgift seiner künftigen Gattin unterhandelte, statt allem anderen zehntausend Zentner Pfeffer ausbedang. Dieses Gewürz hatte das Haus Mendes gecornert, ganz auf die Art, wie das heute durch Kartelle und Trusts geschieht. In Lissabon hatte es sich mit acht, zu Antwerpen mit zwölf marranischen Firmen zusammengetan, sie hatten ihr Geld in einen Topf geworfen, allen Pfeffer vor der Ernte aufgekauft und bestimmten nun die Preise. Der Kaiser hatte der Firma den Alleinverkauf für Flandern zugesichert. Es ging dabei um einen jährlichen Betrag von 1 200 000 Dukaten – eine für damalige Begriffe phantastisch hohe Summe. Und es versteht sich, daß ein solches Monopol bei Konkurrenten und Außenstehenden, bei allen Nichtbeteiligten, Neid und Ärger erregte.

Das Haus Mendes bestand in Antwerpen bereits seit 1512, es war die älteste Firma am Platze. Diego Mendes war der Leiter, seine Brüder Francisco und Gonsalvo führten das Stammhaus in Lissabon.

Diego Mendes war noch als Jude vor der großen Austreibung in Portugal geboren. Um die Zeit, von der wir sprechen, war er wohl der mächtigste Kaufmann in Flandern, im Jahre 1527 durfte er, wie wir aus den Akten ersehen, dem Kaiser eine große Summe vorstrecken. Und in einer Eingabe der Stadt Antwerpen zu seinen Gunsten lesen wir, daß Flandern dank der segensreichen Arbeit des Hauses Mendes blühe, daß sich die Kirchen füllten, Recht und Gerechtigkeit herrschten, des Landes Schatzkiste sich fülle, das flache Land bevölkert und gut bebaut sei.

Desungeachtet wurde Mendes am 19. Juli 1532 durch den Rat von Brabant, die kaiserliche Behörde, gefänglich eingezogen und unter Anklage gestellt. Die Stadt protestierte sofort in schärfster Form, weil Mendes in erster Linie der Gerichtsbarkeit seiner Nation unterstehe, dann der Jurisdiktion der Stadt. Und sie duldete nicht, daß Mendes nach Brüssel weggeführt werde, wie das beabsichtigt war.

Als sein persönlicher Gegner trat einer der Konsuln der portugiesischen Nation auf, ein Konkurrent. Ob er Alt- oder Neuchrist war, ist aus den Akten nicht ersichtlich. Er hatte Material gegen Mendes gesammelt und hatte die Unterlagen der kaiserlichen Bürokratie zur Verfügung gestellt.

In der Anklage hieß es: Ein junger Marrane von achtzehn Jahren habe zu Protokoll gegeben, daß er mit seiner Mutter und drei Geschwistern elf Jahre zuvor den Vater, den Leibarzt des Königs von Portugal, verlassen habe. Sie seien nach Antwerpen geflüchtet, hätten sich dort an Mendes und drei seiner Freunde gewandt, die ihnen geraten hätten, nach Saloniki zu ziehen, um dort wieder Juden zu werden. So hätten sie auch getan, er sei dort beschnitten worden. Nun sei er auf der Rückreise nach Portugal, in Rom habe er gebeichtet und Buße getan, doch hier, in Antwerpen habe er erfahren, daß der Vater der Mutter inzwischen nach Saloniki gefolgt sei. Die vier portugiesischen Kaufleute in Antwerpen seien heimliche Juden, lebten als solche – sie hätten ihn aus dem Haus gejagt, als er, wie er sagte, Schwierigkeiten machte, als er, wie klar aus den Akten hervorgeht, Erpressungen versuchte. Nachdem er diese Dinge zweimal zu Protokoll gegeben hatte, verschwand der junge Mann aus Flandern.

Einer der vier angeklagten Kaufleute flüchtete ins Reich, sein Vermögen wurde inventarisiert, die Listen liegen bei den Akten, ein zweiter wurde auf freien Fuß gestellt. Dreizehn andere aber, vor allem Verwandte und Angestellte des Diego Mendes, kamen in Haft.

Die Prozeßakten füllen Stöße. Es geht daraus hervor, daß marranische Kaufleute, die aus Indien kamen, in Lissabon gelebt hatten, über Antwerpen in die Türkei gegangen waren, wo sie wieder Juden wurden. Ein Prokurist des Mendes lebte nun in Venedig und trug dort die gelbe Judenmütze – was kann ich dazu, fragte Mendes. Er habe sich stets korrekt gegenüber Jude und Christ und Ketzer, gegen jedermann betragen, jährlich drei- bis vierhunderttausend Dukaten in Flandern umgesetzt und vielen Antwerpener Bürgern ihr täglich Brot besorgt.

Es ist erstaunlich, wer und bei wem man sich für Mendes einsetzt. Die marranische Kolonie, die portugiesische Nation, wendet sich an den Kaiser, an den König von Portugal, der Antwerpener Magistrat tut desgleichen. Der Kaiser schreibt, die Königin Maria, der und jener Kardinal. Als Mendes sich im August vor dem Rat von Brabant verantwortete, hatte man die Anklage wegen Ausübung jüdischer Bräuche fallen lassen, auch von dem Mißbrauch des Pfeffermonopols war nicht mehr die Rede – nichts blieb als der Vorwurf, mit notorisch zum Judentum rückfälligen Marranen in Italien und der Türkei in Geschäftsverbindung zu stehen. Anfang September wurde Mendes freigelassen – gegen Bürgschaft, welche die Konsuln der deutschen, italienischen, flämischen und spanischen Nation stellten. Im November schließlich wurde das Verfahren auf Anordnung des Kaisers niedergeschlagen. Es war nichts dabei herausgekommen – nur: das Marranenproblem war in Antwerpen aufgerollt.

Schon nach einem Jahr wurde ein anderer angesehener marranischer Kaufmann unter ähnlicher Anklage verhaftet, auch er wurde nach einem Jahr freigesprochen. Nun blieb es eine Zeit lang ruhig.

Sechs, sieben Jahre darauf begann die Emigration der kleinen Leute, die vor der Inquisition aus Lissabon nach Antwerpen flüchteten. Es waren meist Bediente, Angestellte der großen Handelsherren, die gehört hatten, wie glänzend es dort oben gehe, wie schön man dort lebe ohne die Inquisition. Sie verließen sich darauf, daß ihnen Mendes und seine Freunde schon helfen würden. Die Ankunft dieser kleinen Leute änderte die Situation.

Denn es scheint, daß manche von diesen, vor allem die alten Leute unter ihnen, noch fester am jüdischen Glauben hingen als die großen Herren. Und sie scheinen überzeugt gewesen zu sein, daß die Chefs der großen Häuser innerlich so dachten wie sie. Es ist, wie ich schon sagte, schwierig, heute mit Bestimmtheit zu sagen, was das Judentum einem Mann wie Mendes noch bedeutete – fest steht jedenfalls, daß sie nach außen hin peinlich bemüht waren, als gute Katholiken zu gelten. Die kleinen Leute, in der Kunst der Diplomatie weniger erfahren, nahmen von diesen Bemühungen der großen Herren allzuwenig Notiz. Das sollte Folgen haben. Zumal eins dieser Schiffe nicht in Antwerpen, sondern in Middelburg landete, wo die Antwerpener Marranen nicht gleich zur Hand waren.

Der Vogt von Middelburg, der den kaiserlichen Beamten gern gefällig sein und selbst dabei verdienen wollte, ließ die Leute, Menschen jeden Alters, Greise und Kinder, verhaften, verhören, foltern. Und zwei von ihnen, Greise von sechzig und achtzig Jahren, noch als Juden geboren, bekannten sich stolz zum alten Glauben. Sie wurden verbrannt – es ging zu Middelburg fünfundzwanzig Jahre vor dem Abfall der Niederlande just zu wie in Lissabon.

Nun hatte die kaiserliche Bürokratie ein paar feste Tatsachen, mit denen sie als Argument gegen die Neuchristen aufwarten konnte. Der Kaiser wurde heftiger berannt, um die großen Privilegien der Marranen in den Niederlanden aufzusagen. Ein Edikt – und es gab viele in den Jahren, die nun folgten – war feindseliger als das andere. In dem von 1540 macht Kaiser Karl einen scharfen Unterschied zwischen den Neuchristen, die treu zu Christus hielten, und den Juden oder Marranen, die das Christentum nur simulierten und streng gestraft werden müßten. Die Marranen sahen die Zeichen. Einer der großen Herren nach dem anderen ging außer Lands. Mitunter nur in eine andere Stadt, ins Reich, wo um diese Zeit eine marranische, streng katholische Kolonie in Köln entstand. Nicht wenige aber, die stets bestrebt gewesen waren, gute Christen zu bleiben, faßten nach all diesen Bedrückungen den Entschluß, wieder Juden zu werden, da man sie doch nicht in Ruhe Christen sein ließ. Das Haus Mendes verlegte seinen Sitz still und unauffällig in die Türkei. Diego Mendes war um diese Zeit schon tot. Aber Gracia Mendesia, seine Schwägerin, die Gattin des Lissaboner Teilhabers, liquidierte die Antwerpener Firma und zog mit ihren Angehörigen über Italien in die Türkei. Ihr Neffe Joao Miquez[67], der in den Prozeß seines Onkels verwickelt und verhaftet gewesen war, begleitete sie. Er wurde als Jude erster Ratgeber des Sultans, Herzog von Naxos und Herr von Tiberias im Heiligen Land – eine der legendären Gestalten der Juden im Zeitalter der Renaissance.

Wenige Jahre später war es mit der großen stolzen Marranenkolonie in Antwerpen zu Ende. Im Jahre 1549 erging ein neues Edikt des Kaisers, das alle Marranen, gleich welcher Art, aus der Stadt verwies, weil sie mit der Zeit doch in die Juderei wieder verfallen würden. Die Stadt weigerte sich, das Edikt zu verkünden, weil es Antwerpens Untergang, der Ruin des ganzen Landes sei, außerdem gehe es von falschen Voraussetzungen aus, wenn es Jude und Marrane gleichsetze. Doch der Kaiser gab nicht nach. Im August jenes Jahrs verließen die letzten Marranen dieser Epoche die Stadt, die nun, wie die Stadtväter richtig gesehen hatten, rasch und unaufhaltsam ihren Glanz verlor.

Noch zwanzig Jahre, und die Provinzen im Norden fielen von der Krone ab – ein freies Land entstand. Die Marranen, die von Spanien nach Portugal, von Portugal nach Antwerpen gewandert waren, rückten eine weitere Etappe vor.

Um diese Zeit gab es in Antwerpen bereits wieder eine neue marranische Kolonie, die bescheidener auftrat und sich mit der Beamtenschaft zu verständigen wußte. Als auch sie sich behelligt fühlten, war es ihnen leichter bestellt.

Sie liquidierten ihre Unternehmen, packten ihr Vermögen, ihre Juwelen und Kleinodien in eine Truhe und fuhren bei Nacht im Boot über die Schelde in die freien Niederlande, wo sie sich von 1600 ab als Juden bekennen durften. Von diesen Marranen, welche die portugiesische Gemeinde zu Amsterdam gründeten, will ich in meinem nächsten Vortrag sprechen. Hier soll noch ein kurzer Überblick über die Gesamtlage gegeben werden.

Der deutsche Professor Sombart, der im vorigen Jahr verstorben ist, hat im Jahre 1911 ein Buch ›Die Juden und das Wirtschaftsleben‹[68] verfaßt, das damals als eine Sensation in der Öffentlichkeit wirkte. Dies Buch, das er streng wissenschaftlich nannte, vertrat die These, daß just jene Städte und nur jene Städte zu wirtschaftlicher Blüte gelangt seien, welche die Juden aufnahmen und wirtschaftlich ungestört arbeiten ließen. Schon gleich nach Erscheinen hat das Buch von jüdischer Seite viel Widerspruch erfahren. Da der Professor sich bei seinen Angaben vor allem auf die Wanderung der Marranen stützt, will ich auf seine Theorie eingehen.

Sie ist, um es gleich zu sagen, falsch. Er verwechselt Ursache und Wirkung – es war genau umgekehrt. Die Juden, die im sechzehnten und siebzehnten Jahrhundert Portugal verließen, suchten just die Städte auf, die im wirtschaftlichen Aufstieg waren. Jene Städte, die an den neuen Straßen lagen, an den Straßen, welche die Güter aus der Levante, aus Indien und der neuen Welt nach Europa führten. Jene Städte, die als Wirtschaftszentren, Umschlagplätze, Weltbörsen Bedeutung erlangten. Wir können das ganz genau verfolgen. Wir sehen die marranischen Kolonien in Livorno und Venedig – hier wurden sie von Kaiser Karl im gleichen Jahr wie die Antwerpener wieder vertrieben. In Bayonne und Bordeaux, in Nantes und Rouen und La Rochelle. In Antwerpen, in Middelburg. Dann wurde Amsterdam ihr Zentrum. Von

Amsterdam aus gingen sie nach England, nach Hamburg, nach Emden – ja, selbst Orte, die nur ganz vorübergehend einmal Aussicht hatten, bedeutende Häfen zu werden, wie Glückstadt, wo der König von Dänemark eine Konkurrenz für Hamburg schaffen wollte, hatten marranische Kolonien. Von Hamburg aus gelangten sie nach Kopenhagen, Göteborg und Stockholm. Aus Amsterdam und London kamen die Marranen, welche die marranischen Stützpunkte in der neuen Welt schufen: Pernambuco, Suriname, Curacao unter holländischem Einfluß, Barbados, Jamaica, die amerikanischen Küstenstädte unter englischem Regime.

Es ist gewiß richtig, daß manche dieser Städte die Marranen gerufen haben, es besteht kein Zweifel, daß sie enorm viel zur Blüte dieser Gegenden beigetragen haben – aber ebenso sicher ist, daß der Glanz schon sichtbar war, als die Marranen kamen. Und wenn einzelne Plätze, wie Nantes, Rouen, Emden ihre Bedeutung verlieren just um die Zeit, da die Marranen abwandern, so ist auch das ganz einfach zu erklären: Eben weil die Plätze wirtschaftlich im Niedergang sind, ziehen die Marranen weiter nach Häfen, die aufblühen.

Man soll die Bedeutung der Marranen nicht unterschätzen, doch auch nicht ins Maßlose übertreiben. Ein Geschlecht von Recken waren sie nicht. Sie haben viel Initiative gezeigt, manche Industrie geschaffen, manches Land kolonisiert. Aber sie haben alle diese Dinge kaufmännisch gesehen, auch die Zuckerplantagen und die Wollspinnereien, die sie schufen – sie haben keine Maschinen erfunden und ihre Ländereien mit Negersklaven urbar gemacht. Sie waren ein Stand von Kaufleuten und sie blieben das – allzeit und überall.

Ich müßte Ihnen an dieser Stelle von dem Versuch erzählen, ein Reich der Marranen zu schaffen, die Geschichte von Antonio, dem achtzehnten König von Portugal, der der Sohn eines Prinzen und einer marranischen Jüdin war. Es ist politisch gesehen der Höhepunkt in der Geschichte der Marranen, aber ich habe die seltsame Historie dieses Königs, der ein Bastard und ein Halbjude war, recht ausführlich in meinem Buch Der Chevalier von Geldern erzählt[69] – ich will sie nicht wiederholen ... Ich will hier nur Neues bringen, was sich nicht nachlesen läßt.

Aber es ist interessant, wie sehr auch dieser Versuch einer Reichsgründung für die Marranen, an dem auch Königin Elizabeth von England, Henri Quatre von Frankreich, Sir Francis Drake, der Kaperkapitän, und viele andere Berühmtheiten beteiligt waren, wie sehr auch dieses politische Geschehnis kaufmännisch bestimmt war.

Daß sie überall saßen, in allen Plätzen, die wirtschaftlich von Bedeutung waren, in allen Häfen, Umschlagplätzen, Börsenplätzen, daß sie sich kannten, miteinander in Geschäftsverbindung und Korrespondenz standen – daß sie bei alle dem nur wenige tausend waren, das gab ihnen Geschlossenheit, Initiative und Macht. Sie kämpften um Privilegien, um Handelsfreiheiten, sie fanden neue Reisewege. Als Vasco da Gama nach Indien kam, der erste Europäer, der zu Wasser kam, fand er in Goa einen Juden, der in Alexandrien geboren war und dessen Eltern aus Posen stammten. Als Cabral Brasilien entdeckte, war dieser Jude sein Pilot. Die Ximenes, Antwerpener Marranen, kamen über Moskau ins Nördliche Eismeer. Ein anderer, Mendes Pinto[70], ist unter den ersten Portugiesen, die Japan betreten, sein Buch der Abenteuer ist Jahrhunderte lang ein Volksbuch gewesen.

Die Hakluyt Society[71] in London, die jetzt ein Jahrhundert lang die Berichte von den großen historischen Reisen seit dem Mittelalter herausgegeben hat, gibt die Möglichkeit, in diesen vielen hundert blauen Bänden nach den Marranen zu suchen – in jedem Band kommen sie vor. Ich habe einmal begonnen mit der Arbeit, sie herauszusuchen – ich hoffe das einmal fortsetzen zu können, um ein weiteres interessantes Kapitel der Marranen zu schreiben.

Ja, um diese Geschichte der Marranen zu schreiben, bedarf es nun einiger Kenntnis spanischer und portugiesischer Verhältnisse. Da sind ein paar ganz primitive Voraussetzungen, die unerläßlich sind und die merkwürdigerweise allen Historikern abgehen, die sich bisher mit der Historie der Marranen befaßt haben. Es sind technische Kleinigkeiten, möchte ich sagen, aber wer sie nicht kennt, richtet Unfug an. Sie finden solchen Unfug ausnahmslos bei allen Geschichtsschreibern, die sich mit den Marranen befassen. Zwei dieser Punkte will ich hier berühren. Ich finde sie interessant, wichtig sind sie jedenfalls – ich hoffe, Sie damit nicht zu sehr zu langweilen.

Da geht es zuerst um die Namen. Die Spanier sowohl wie die Portugiesen haben einen ganz kleinen Schatz an Familiennamen, er ist beinahe so klein wie bei den Dänen und Norwegern. Das will sagen: Sie finden im Adreßbuch von Madrid fünfzig Seiten mit dem Familiennamen Perez bedeckt, vierzig Seiten Rodrigues, vierzig Seiten Pardo. In Lissabon ist es ebenso – es sind oft dieselben Namen, nur etwas anders geschrieben. Es gibt nur drei Sorten Namen: Patronymien, wie in Skandinavien: Perez, d. h. Sohn des Pedro, Fernandes, Sohn des Fernando und so weiter. Dann Ortsnamen, wie Miranda, Carvalho, Belmonte, Teixeira. Schließlich Berufsnamen, aber die sind schon selten.

Daraus geht hervor, daß die hunderttausend Familien, die Perez heißen, nicht miteinander verwandt sind, daß die zehntausende, die Miranda oder Belmonte heißen, absolut nicht vom selben Ahn stammen müssen. Wenn die jüdischen Geschichtsschreiber darum, alle wie sie da sind, aus Namensgleichheit auf Verwandtschaft schließen – und sie tun das ununterbrochen – so begehen sie Schnitzer.

Dieser allzu kleine Namensschatz hat nun dazu geführt, daß man – um sich überhaupt unterscheiden zu können – einen zweiten Namen anhängt, den der Mutter ursprünglich. Daher die Länge spanischer und portugiesischer Namen, daher ihr Glanz für askanesische Augen. Lopes, das ist ein Begriff, eine Gens, um mit den Lateinern zu reden, aber kein Familienname. Lopes Suasso, das ist schon eine Familie. Darum finden wir hier in Amsterdam die langen Namen: Rodrigues de Miranda, Lopes Cardoso, Vaz Dias, Colacao Belmonte, Teixeira de Mattos und so weiter.

Dazu kommt ein marranisches Laster. Es gibt jeden Namen natürlich in allen Volksschichten, im Adel und im Proletariat. Es wird Ihnen aufgefallen sein, daß alle Marranen, alle Juden marranischer Herkunft, heute vom hohen Adel stammen wollen. Das stimmt nie. Stammbaumforschung ist eine Arbeit, an die man nie mit genug Skepsis herangehen kann, überall, bei Juden besonders. Es versteht sich von selbst, daß die Familie Pimentel hier von den Pimentel, Grafen von Benavente stammen will, denn die gibt es. Aber es ist wahrscheinlicher, daß sie von braven Kaufleuten stammen – die gibt es nämlich auch dieses Namens in Portugal, zu zehntausenden.

Der andere Punkt ist noch heikler, weil niemand von selbst darauf kommt, dem es nicht gesagt wird. In Spanien und Portugal war es bis vor hundert Jahren keineswegs der Brauch, daß die Kinder denselben Familiennamen wie die Eltern trugen oder wie die Geschwister. Das ist merkwürdig, nicht wahr. Die Kinder, Jungen und Mädchen, trugen die Namen ihrer Paten! Das ist gewiß ungewöhnlich, aber es ist so. Wenn Gabriel da Costa, den wir unter seinem jüdischen Namen Uriel da Costa[72] kennen, denselben Familiennamen trug wie sein Vater Bento da Costa, so liegt das daran, daß der Großvater väterlicherseits sein Pate war, nicht aber, weil sein Vater so hieß. Seine Brüder heißen Miguel Estevez de Pina und Juan Peres da Cunha – sie haben also völlig andere Namen, aus denen nicht im geringsten ersichtlich ist, daß die drei Brüder sind. Mit den Mädchen ist es genauso.

Sie sehen, es ist nicht leicht, sich unter Marranen zurechtzufinden. Man muß beinahe den paradoxen Satz aufstellen: wenn zwei denselben Familiennamen tragen, sind sie nicht miteinander verwandt – je bunter der Namenskreis, um so enger die Verwandtschaft. Weder Graetz noch Dubnow, von Kayserling ganz zu schweigen, haben das gewußt, sie haben darum ganze Familien und Geschlechter gegründet, gewaltige Stammbäume aufgestellt, die sich in allen Handbüchern und in vielen Familien finden, an denen nicht ein Buchstabe richtig ist. In Kasteins Buch über Uriel da Costa[73] wirkt es geradezu komisch, wie der arme, mit Wissen nicht gerade geplagte Mann mit den verschiedenen Namen der Brüder fertig werden will – er macht sie zu Stiefbrüdern und sucht sonstige verzweifelte Auswege.

Das ist noch nicht alles. Die meisten Marranen, besonders im siebzehnten Jahrhundert, haben jeder fünf bis zehn Namen geführt, gleichzeitig, je einen Namen für einen besonderen Zweck. Aber darüber will ich in meiner nächsten Vorlesung mit ein paar Worten berichten.

Fünfter Teil

Meine Damen und Herren,

Warum große Volksgruppen wandern, ihre Heimat aufgeben, eine neue suchen, das ist eine Frage, die mir auch heute noch, in diesem Stadium des Kriegs, für uns Juden aktuell scheint, so aktuell, wie sie es Jahrhunderte lang für die Marranen blieb.

Der Antworten gibt es viele. Es kann jemand freiwillig oder gezwungen auf die Wanderschaft gehen. Freiwillig – aus Abenteuerlust, aus dem unbezwingbaren Drang, mehr zu erleben, als daheim möglich ist. Doch das kommt bei Volksgruppen nicht vor – die Lust am Abenteuer ist dem einzelnen gegeben, die Mehrheit ist stets und überall bodenständig. Bei den Juden, möchte ich sagen, mehr als bei anderen Völkern. Denn sie hängen an ihrer Heimat, an ihren Sitten und ihrer Sprache Klang, mögen sie sich all das in tausend Leidensjahren erhalten oder in einem Jahrhundert erst erkämpft haben, mit einer Liebe und Innigkeit, die in seltsamem Kontrast zu dem steht, was ihnen in dieser Heimat meist beschert ist.

Völker gehen auf die Wanderung, um bessere Lebensbedingungen zu suchen, wirtschaftliche oder religiössoziale. Aber das ist, genau besehen, schon keine freiwillige Wanderung mehr. Hätten sie daheim ihr Auskommen, ihre Gewissensruhe gehabt, sie wären nicht fortgegangen. Und die Vereinigten Staaten von Amerika wären nie zu dem geworden, was sie heute sind.

Demgegenüber steht die erzwungene Wanderung: die Vertreibung einer Volksgruppe, durch Beschluß der Behörden oder durch das Kriegsglück. Die Flucht derer, die daheim der sichere Tod bedroht. Und die Vorsorge kluger Leute, die es auf Vertreibung oder Flucht nicht erst ankommen lassen wollen, weil sie damit auf kurze Sicht schon rechnen.

Die Juden, das Wandervolk par excellence, kennen in ihrer Geschichte alle Arten der Wanderung. Der einzelne Jude ist oft genug ins Abenteuer gezogen – die Massen wanderten stets unter äußerem Druck und stets ungern. Doch während die anderen großen Wanderungen der Juden immer unter einer einzigen bestimmten Losung standen, finden wir bei der Wanderung der Marranen alle Arten: das Abenteuer, die Suche nach Neuland, die Vertreibung, die Flucht und die Wanderung der Vorsichtigen.

In meinem Bericht halte ich nun an dem Zeitpunkt, da die Marranen die weiten Grenzen des spanischen Reichs überschreiten und eine neue Heimat gewinnen. Eine Heimat eigener Art: nicht ein Land, sondern ein Netz von Hafenstädten, Wirtschaftszentren, Umschlagplätzen, geknüpft über die ganze Welt. Eine Heimat unter vielen verschiedenen Fahnen, unter völlig differierenden Gesetzen und Gestirnen, am Ufer der Newa in Eis und Schnee und in den schwülen Urwalddschungeln am Amazonenstrom.

Alle fünf Erdteile umfaßte diese neue Heimat der Marranen, dies seltsame, in der Weltgeschichte einzig dastehende Gebilde. Dies Reich aus wenigen tausend Menschen, die einander kannten, wie die Bewohner einer kleinen Stadt, die alle miteinander in Kontakt standen, die sämtlich und immer noch die Sprache der alten Heimat redeten und schrieben, gleichgültig, welche Laute rings um sie erklangen. Die streng und abgeschlossen unter sich blieben, ein eigenes geistiges Leben führten, Bücher druckten für die paar tausend Menschen, ihre eigene Zeitung für die in aller Welt Zerstreuten herausgaben. Und dem gleichen Schicksal entgegentrieben, wo sie auch waren, was rings um sie auch immer geschah.

Ich möchte die Wanderung der Marranen in diesem Zeitpunkt, um das Jahr 1600 etwa, einmal genauer analysieren – mir scheint das recht interessant und unerläßlich, will man die Geschichte dieser Gruppe des jüdischen Volks so sehen, wie sie bisher nie betrachtet worden ist: als die Geschichte eines eigenen absonderlichen Faktors im jüdischen Geschehen, im Weltgeschehen. Und nicht als ein Anhängsel an die Geschichte der übrigen lokalen Judenschaften, wie sie sonst in den Werken der Historiker behandelt ist.

Eine Reihe simpler Fragen will ich beantworten, das Wer, Woher, Wohin, das Wann, das Wie und zweimal das Warum. Und die Antwort wird in jedem Fall anders lauten als sie bisher gelautet hat.

Wer emigrierte?

Marranen emigrierten. Das heißt: Katholiken. In dem Augenblick, da sie über die Grenzen gingen, gehörten sie alle noch dem christlichen Glauben an. Viele von ihnen gingen mit der Absicht, Juden zu werden. Und sie wurden es. Weit mehr aber gedachten wahrscheinlich in der christlichen Religion zu bleiben – die Welt war christlich, nur der Christ kam in ihr weiter. Ihnen lag daran, Christ in einer neuen Heimat zu sein, wo sie nicht ständig durch die Inquisition an die Abkunft erinnert wurden. Und die meisten von ihnen, nicht alle, blieben Katholiken. Nicht wenige aber wurden Protestanten – ich komme darauf noch zurück – das waren die Modernen, die Fortschrittler, wie sie von sich glaubten. Und nicht wenige gingen noch weiter: Montaigne, Spinoza, Servetius.[74]

Wer emigrierte, soziologisch gesehen? Die reichen Leute zuerst, Menschen mit Geld, Besitz und Beziehungen. Denn sie waren einerseits die frühesten Opfer der Inquisition, die stürzte sich nur auf die vermögenden Schichten, die armen Teufel ließ sie vorläufig ungeschoren. Und nur die Reichen konnten sich einen Weg ins Freie schaffen, konnten sich Pässe kaufen, die Ausreiseerlaubnis, konnten die Fahrten bezahlen, konnten Gelder und Güter vorausschicken, um die Zukunft auf fremdem Boden zu sichern. Erst viel später kamen die Kleinbürger und Proletarier, die schlugen sich erst dann mühsam zum fernen Ziel durch, als sie gehört hatten, wie Landsleute und Glaubensbrüder, wie die anderen

Marranen dort draußen festen Fuß gefaßt hatten, als sie hoffen konnten, an diesen, an den Reichen, eine Stütze zu finden.

Und es scheint auch, als ob diese ärmeren Schichten überwiegend zu dem jüdischen Glauben ihrer Väter zurückgekehrt sind.

Wer auch immer emigrierte, war Kaufmann. Die Marranen waren ein Stand und blieben das. Auch der neue Adel, der zur Ritterschaft gehörte, trieb seine Geschäfte, nur im großen Stil wie die Fugger und Welser, wie die Herren von den West- und Ostindischen Kompanien. Mit ihnen kamen die kaufmännischen Angestellten. Und die Spätkömmlinge, die ärmeren Schichten, wurden in den größeren Zentren, in Amsterdam und Hamburg, handeltreibende Kleinbürger. Die Tendenz blieb dieselbe. Und wenn wir von Gelehrten und Advokaten in diesen Jahren hören – auch die Rabbiner und Juristen standen mitten im Geschäftsleben, wie die Akten immer wieder bezeugen. Die wenigen Ärzte bilden die einzige Ausnahme.

Woher kamen die marranischen Emigranten?

Aus Portugal die meisten – ich habe bereits dargelegt, warum. In Lissabon hatten die katholisch gebliebenen Marranen ihr Zentrum, geistig und wirtschaftlich. Dort und in den portugiesischen Nordprovinzen saßen die Marranen in Massen in den Städten beieinander, weil Minderheiten, Juden vor allem, gern beieinander wohnen, der eine die Nähe der anderen fühlen will. In den Nordprovinzen waren weite Bezirke rein marranisch.

Das unmittelbare Sprungbrett in die Freiheit aber war Antwerpen. In die spanischen Niederlande hatten sie ihre Söhne mit Gütern und Lägern geschickt, der übrigen Familie voraus. Ein Beispiel: der Stammvater der Familie Teixeira de Mattos, hochangesehener Antwerpener Handelsherr, ehelichte als Mann von mehr als siebzig Jahren in zweiter Ehe eine junge Frau, die ihn bewog, zum Judentum zurückzukehren. Sie liquidierten ihr ganzes Vermögen, packten alles in eine Truhe und setzten bei Nacht über die Schelde, in die freien Provinzen. Die schöne silberbeschlagene Truhe hat sich seit jener Fahrt, über genau dreihundert Jahre, erhalten. Sie ist in diesem Jahr aus dem Nachlaß des Apothekers Vita Israel, der sich in den Maitagen[75] das Leben nahm, versteigert worden – ich habe sie oft bei ihm gesehen.

Im siebzehnten, vor allem aber im achtzehnten Jahrhundert kamen marranische Emigranten unmittelbar aus Spanien – echte Flüchtlinge, meist ganz ohne Mittel, die Vorfahren eines großen Teils der Amsterdamer Portugiesengemeinde. Viele Marranen mußten auch von Ort zu Ort wandern, bevor sie zur Ruhe kamen, sie mußten die eine Hafenstadt verlassen, weil ihnen ein Dekret den Aufenthalt auch dort verbot oder auch, weil die Plätze im Niedergang waren: so ziehen große Scharen Marranen 1550 aus Antwerpen und Venedig, weil der Kaiser das so wollte. Warum sie 1580 jäh aus Köln verschwinden, in den Akten plötzlich nicht mehr vorkommen, habe ich nicht feststellen können. Nantes an der Loiremündung müssen sie 1615 verlassen, St. Jean de Luz 1617, Rouen 1653. Sie ziehen weiter, nach Amsterdam und Hamburg. Die westindischen und amerikanischen Marranen saßen ursprünglich im damals holländischen Brasilien. Als dies Land wieder an die Portugiesen fiel, suchten sie Neuland, entstanden jene allzeit marranisch beeinflußten Kolonien in Surinam und auf Curaçao. Generell läßt sich sagen, daß sie dorthin, wo wir die Nachfahren der Marranen heute finden, alle von der Pyrenäen-Halbinsel gekommen sind. Ja, wir finden unter ihnen sogar Abkömmlinge jener stets Juden gebliebenen Vertriebenen aus Spanien von 1492. Sie wurden meist als Rabbiner und Chassanim[76] von den in religiösen Dingen unerfahrenen Marranen nach Amsterdam und London aus den türkischen Gebieten, aus Saloniki, Smyrna oder Belgrad, geholt, wie der Stammvater der Belinfante.

Wohin gingen die Marranen?

In jene Städte, die nun, bei Beginn einer neuen Wirtschaftsära, im Aufblühen waren. Ja, man kann es noch genauer definieren: just in jene Plätze, die künftighin den Spaniern Stück für Stück des Welthandels entrissen, in jene Häfen, die fortan an die Stelle von Cadiz, Valencia, Lissabon traten. Sieht man sich das Netz der marranischen Stützpunkte um 1600 an, so finden wir sie genau an den Brennpunkten des Weltwirtschaftsverkehrs. Sie blieben in Antwerpen, solange es das Zentrum des spanischen Reichs war. Sie gingen dann nach Amsterdam, wurden reich und groß mit dieser Stadt und teilten ihren Niedergang, ohne sich allerdings, wie die Stadt selbst, wieder zu fangen. Sie kamen zur selben Zeit nach Hamburg und stellten zwischen beiden Städten den festen geschäftlichen Kontakt her. Amsterdamer und Hamburger Portugiesen gründen die marranischen Kolonien in Emden und Glückstadt, von Hamburg aus gehen sie nach Kopenhagen und Stockholm, in das soeben entstehende St. Petersburg. In London entwickelt sich das marranische Zentrum genau mit der Entwicklung der englischen Hauptstadt zum Welthandelsplatz. Kleine Gruppen von Marranen setzen sich im Innern Mitteleuropas fest, wir finden sie an jenen Orten, wo sich die großen Landstraßen kreuzen: in Hanau, in Pappenheim, in Kampen an der Zuiderzee. Als die Länder in Übersee Bedeutung gewinnen, entstehen dort Portugiesengemeinden: in den Häfen Brasiliens, auf den Inseln Westindiens, vor allem in Barbados und Jamaica, dann in allen Häfen längs der amerikanischen Ostküste. Sie sind schon früh in Goa und Madras in Ostindien. Daß einzelne nach den Philippinen, nach Mexico, in alle Staaten Südamerikas gelangen, berichten uns die Akten der Inquisition. Ja, die Bewohner der Provinz Antioquia in Columbien, die ganz abgeschlossen mitten in den Bergen liegt, behaupten noch heute, von Marranen zu stammen.

Die Marranen sind an jedem Handelsplatz, der im siebzehnten Jahrhundert Bedeutung gewinnt. Sie tragen viel, hier mehr, dort weniger, zur Blüte der Städte bei. Aber es wäre falsch, daraus nach Sombart zu schließen, daß just die Marranen und ihr Kommen diese Städte in das Netz der großen Handelsstraßen einschaltete – es war just umgekehrt: die Marranen gingen in die Häfen und Städte, die aufzublühen begannen. Wenn es just die Spanier waren, denen sie das Geschäft abnahmen, so hat das zwei Gründe: Einerseits machte es ihnen gewiß Freude, sich auf ihre Art an den Menschen zu rächen, die ihnen soviel Leid angetan. Aber mehr noch und simpler noch war es der Umstand, daß dies Geschäft der Spanier just das Geschäft war, das die Marranen zu allen Zeiten trieben. Wenn sie Spanien und Portugal verließen, wo sie die Importeure gewesen waren, so nahmen sie doch den Goodwill mit, ihre Warenkenntnis und ihre Kundenlisten – sie, die Verjagten, trieben einfach das alte Geschäft von einem anderen Platz aus weiter – mit denselben Waren an dieselben Kunden. Andere jüdische Emigranten haben späterhin dasselbe versucht, aber die Weltwirtschaft war inzwischen komplizierter geworden – es gelang ihnen nur teilweise.

Wann wanderten die Marranen von ihrem Ursprungsort in die neue Heimat? Auch in diesem Punkt stimmen meine Feststellungen aus den Akten mit den Angaben der beamteten Historiker nicht überein. Der Zug der marranischen Massen vor allem, die den Grundstock der großen Portugiesengemeinden bilden, ging viel später vor sich, als man gemeinhin glaubt.

Es gilt vorweg einmal zwei Dinge zu unterscheiden: den Zeitpunkt, da die Marranen in eine Stadt kommen. Und den anderen, da sie sich als Juden öffentlich bekennen, eine Gemeinde gründen. Das sind zwei Daten, die zeitlich auseinanderliegen. Vergessen wir nicht: die Marranen, die sich als Kaufleute in einem der großen Häfen niederlassen, leben dort, stets und überall, zuerst einmal als Christen, als Katholiken. Erst geraume Zeit später, wenn sie schon eine ansehnliche Gruppe geworden sind, wenn sie sich sicherer fühlen und die Gesinnung der Umwelt und der Behörden erkundet haben, denken sie an die Gründung einer Gemeinde, bitten sie die lokalen Instanzen um die Genehmigung, als Juden zu leben.

Nicht selten aber kommt es gar nicht dazu. Da gehen die Marranen wieder fort, sie kamen als Christen und verlassen den Ort als Christen wieder. Natürlich ist es nicht immer sicher, ob die Kaufleute portugiesischer Nation, die wir in solchen Plätzen zeitweilig finden, überhaupt Marranen waren, es könnten ja auch Altchristen gewesen sein. Aber die portugiesischen Altchristen gingen selten nach dem Norden – für die Orte, die uns hier interessieren, darf man sie wohl mit ziemlicher Sicherheit als Marranen bezeichnen.

Über die Anfänge der Amsterdamer Portugiesengemeinde gibt es eine ziemlich umfangreiche Literatur – ich will auf die Einzelheiten der Kontroversen nicht eingehen, sondern mich auf die jüngste und beste Arbeit darüber stützen, die von Sigmund Seeligmann aus dem Jahre 1927.[77] Es gibt zwei hübsche Geschichten über die Ursprünge der Gemeinde. Die eine von der Dame Mayor Rodrigues, die mit ihrer Familie aus Spanien flüchtete, mit dem Schiff von den Engländern gekapert wurde und nach London kam, wo sich ein hoher Herr vom Hof der Königin Elizabeth in ihre schöne Tochter Maria Nunes verliebte. Da sie Juden werden wollten, gingen sie allen Anerbieten zum Trotz nach Amsterdam. Diese Geschichte, die noch kürzlich zu einem schlechten Roman Anlaß gab, war zu hübsch, als daß die Historiker sie geglaubt hätten. Sie war bereits als Legende abgetan, bis Seeligmann in seiner Schrift Briefe des holländischen Gesandten in London veröffentlichte, die alles Wichtige aus dem Märchen bestätigte. Sodaß wir sogar die Daten haben.

Die Dame Mayor Rodrigues kam danach 1597 nach Amsterdam, genau hundert Jahre nach der Vertreibung der Juden aus Portugal und dem Entstehen der portugiesischen Marranen. Sie wußte von jüdischen Dingen nicht das Geringste. Der Mann, der sie darüber unterrichtete, Uri Halevy aus Emden, ein askenasischer Jude, der Held der zweiten Geschichte, die Sie überall nachlesen können, kam erst 1604. Aus dem folgenden Jahr 1605 stammt das erste Dokument, das Gesuch marranischer Kaufleute an die Stadt Haarlem, dort eine jüdische Gemeinde errichten zu dürfen. Bis dahin lebten alle Marranen in Holland als Katholiken.

Es gab um diese Zeit aber schon Jahrzehnte lang Marranen im Bereich der sieben Provinzen, vor allem in Zeeland und seiner Hauptstadt Middelburg. Aber die darf man nicht zu den Vätern der portugiesisch-jüdischen Gemeinde zählen – sie und ihre Nachkommen wurden niemals Juden, sie gingen im seeländischen Patriziat auf.

In Hamburg finden wir Kaufleute portugiesischer Nation bereits 1577.[78] Sie kamen nicht, wie man bisher annahm, aus Amsterdam – da gab es um diese Zeit noch keine Marranen – sondern aus Antwerpen und aus Norditalien. Hier bekannten sie sich noch später, erst 1611, öffentlich zum Judentum.

So geht es weiter. Die Rotterdamer Gemeinde entsteht 1610, die in Glückstadt, das damals zu Dänemark gehörte, 1622, Emden 1649, Kampen 1661 und so fort. In England finden wir Marranen in Kolonien, die entstehen und wieder verschwinden, die erste bereits ein Jahr nach der Vertreibung der Juden aus Spanien, 1493. Die erste Portugiesenkolonie entsteht 1521, gegen Ende des Jahrhunderts gibt es keine Marranen in London mehr. Aber wenn man diese Marranen auch oft Juden nannte, wie wir aus den Akten wissen, so bekannten sie sich doch offiziell alle und ausnahmslos zum Christentum. Erst Menasse ben Israel[79] schafft 1655 durch seine Unterhandlungen mit Cromwell[80] die Unterlagen zur Gründung einer portugiesisch-jüdischen Gemeinde.

Wichtiger aber als alle diese Daten erscheint mir der Umstand, daß die Mehrzahl der Spanier und Portugiesen, von denen die heutige Amsterdamer sefardische Gemeinde stammt, erst im achtzehnten Jahrhundert kam – sehr spät, viel später als irgend jemand glaubt. Nun ist das Archiv der Gemeinde leider Gottes bis heute für jedermann verschlossen, kein Wissenschaftler – und mancher kam darum aus Amerika – erhielt Zutritt, die Amsterdamer Portugiesengemeinde ist ihrer eigenen Geschichte auf eine seltsame Weise feind. Ebenso, wie ich nicht erwarten durfte, unter meinen Hörern einen Portugiesen zu finden, ebenso wie die wunderschöne, jetzt geschlossene Portugiesenbibliothek nie von den Mitgliedern der Gemeinde besucht wurde – nur askenasische Juden kommen dorthin und mitunter die Abkömmlinge getaufter Portugiesen – ebenso schroff und unbegreiflich halten sie ihr Archiv jeder Forschung verschlossen. Immerhin – für diesen Punkt, für die Zeit der Einwanderung, hat die Bibliothek ein Mohelbuch[81] aus der zweiten Hälfte des 18. Jahrhunderts mit erstaunlichen Einträgen. Da finden wir für 1789 etwa: Heute beschnitt ich Abraham de Monsanto und vierzig andere Erwachsene, die aus Spanien mit ihren Familien hierhergekommen sind. Das ist eine Notiz, wohlverstanden, aus dem Jahr der französischen Revolution, so daß ich abschließend hierzu sagen möchte: Das erste Jahrhundert der marranischen Emigration hierher brachte die Vorfahren von nur tausend Mitgliedern der heutigen Gemeinde, und zwar die Familien, die einst wohlhabend waren. Das zweite, das achtzehnte Jahrhundert, brachte die restlichen, deren Abkömmlinge vorwiegend das Kleinbürgertum und das Proletariat bilden. Nur die ersten tausend sind reich gewesen, haben die schöne Synagoge gestiftet, die vielen wohltätigen Stiftungen geschaffen. Die Vorfahren der Mehrzahl waren stets arm und bedürftig – es sind die Spätkömmlinge.

Dabei sind wir schon in der nächsten Frage:

Wie kamen die Marranen?

Als vermögende Leute nur anfangs, später als Emigranten im wahren, immer wahr gebliebenen Sinn des Worts. Je später sie emigrierten, desto mehr hatte die Inquisition sie geplündert, um so mehr hatten sie teilgehabt an Spaniens Niedergang. Und sie kamen immer einzeln, in Familien und Familiengruppen – nie in Massen. Eine Massenemigration war nicht möglich, die Inquisition und die königlichen Behörden in Spanien und Portugal hätten sie nicht erlaubt. Die meisten kamen zu Schiff, und sie füllten nie den Schiffsraum, das wäre gleichfalls zu gefährlich gewesen – nur einzeln, höchstens zwei, drei Dutzend kamen auf einmal. Je später der Termin, umso größer die Zahl, wie die Mohelbücher zeigen.

Nun kommen wir zu den beiden *Warum*, zu den zwei mir besonders interessant scheinenden Fragen: Warum wurden die Marranen wieder Juden? Und warum nahmen die Länder marranische Juden auf?

Den Historikern bisher war die Antwort auf die erste Frage, warum die Marranen wieder Juden wurden, so selbstverständlich, daß sie keine andere auch nur in Betracht ziehen. Sie sehen in den Marranen Menschen, die in jahrhundertelanger Tradition und Sehnsucht zum Judentum drängen, die also jede, die erste Möglichkeit ergreifen, um sich wieder zum Judentum zu bekennen. Selbst ein so scharfsinniger Forscher wie Seeligmann begnügt sich mit der Feststellung, die Rückkehr zum Judentum sei die natürliche Folge der Ankunft in einem Land, wo ihnen Glaubensfreiheit zugesichert ist.

Das scheint mir nicht richtig zu sein. Das heißt nach meiner Ansicht die Ursachen der marranischen Emigration verkennen, das heißt die Menschen, ihre Beweggründe auf Erden, überschätzen. Denn wenn dem so wäre, wie die Historiker bisher sagen, warum kehrt dann nur ein Teil der Marranen zum Judentum zurück, warum bleiben so viele Katholiken, werden so manche Protestanten?

Aber ich meine, ein nüchterner, unvoreingenommener Blick auf die Fakten gibt eine klare Lösung, bei der man Ideale und Sehnsüchte und ähnliche im Leben des einzelnen immer schöne, aber so selten entscheidende Dinge nicht erst zu bemühen braucht.

In der Zeit der eigentlichen marranischen Emigration, in den Jahren 1580 bis 1640, gehörte Portugal zu Spanien, beide Länder waren durch Personalunion verbunden, wurden gemeinsam regiert – ein Portugiese war ein

Spanier. Wenn nun ein Marrane in dem Land seiner Bestimmung, in England oder in den freien Niederlanden ankam, so war er für jedermann Spanier und Katholik – der Todfeind in beiderlei Gestalt also. Das ging nicht – wollte der Marrane im Land bleiben, so mußte er eine der beiden Eigenschaften drangeben.

Nun war er Spanier oder Portugiese von Natur und Geburt, durch die Tracht, durch die Sprache, durch die Sitten und Gebräuche. Die Kaufleute portugiesischer Nation, wie sie überall, in Amsterdam, Hamburg, London, hießen, wollten eine Nation, eine Landsmannschaft, bleiben – sie glaubten gar nicht einmal, daß man sein Nationale hergeben, wechseln könne, so fremd waren und blieben ihnen Generationen hindurch die anderen, die Holländer und Engländer. Vergessen wir nicht, daß die Portugiesen hier bis weit über die Tage der französischen Revolution hinaus, bis 1840 etwa, im täglichen Umgang portugiesisch sprachen, lasen, schrieben. Nein – Portugiesen waren sie, mußten sie bleiben, das konnten sie nicht hergeben, selbst wenn sie es wollten – also wechselten sie die Religion.

Da sie nun einmal um ihrer Abstammung willen emigriert waren, hörten sie auf die Stimme der Tradition, wurden sie wieder Juden – es war das Nächstliegende. Andere wieder, die glaubten, fortschrittlich und zeitgemäß denken zu müssen, ergaben sich den Lehren Luthers und Calvins. Wer den katholischen Glauben zu behalten wünschte, blieb in den spanischen Niederlanden. So, ganz einfach war das.

Die Marranen wurden wieder Juden, weil der Glaubenswechsel für sie die einzige Möglichkeit bedeutete, in dem neuen Land, in Amsterdam, Hamburg oder London, dauernd Boden zu fassen. Die Juden portugiesischer Nation erhielten Privilegien – Kaufleute spanischer Nationalität und katholischen Glaubens mochten bestenfalls einige Wochen im Land wohnen, wenn just kein Krieg mit Spanien war – bodenständig werden konnten sie nicht.

Gewiß – die religiöse Tradition hatte ihr gut Teil an dieser Entwicklung, man hatte für das Judentum unter der Inquisition gelitten, auch das kettete, der alte jüdische Trotz, das Nun-gerade! sprach mit. Aber alles das wäre nicht entscheidend gewesen – ausschlaggebend war das politische Muß. Die Marranen mußten den Glauben wechseln, sie hätten sonst nicht bleiben können, sie mußten Juden oder Protestanten werden. Und da wurden sie Juden – um der Tradition willen. Und manche wurden Protestanten.

Ich kann mir nicht helfen – je mehr und je heftiger ich Geschichte miterlebe, umso skeptischer werde ich gegenüber Argumenten, die ganz auf Idealen gründen, umso sorgsamer suche ich nach Motiven auch wirtschaftlicher und soziologischer und politischer Art. Und ich muß sagen, sie finden sich stets. Sie liegen meist näher als die Ideale, sind plausibler, sind einfacher, einleuchtender. Es ist heute nicht anders: Wirtschaftliche Gründe, die Aussicht auf eine Existenz bestimmt auch bei dem Emigranten unserer Tage den Weg. Ehrliche Zionisten zogen nach Erez Israel,[82] aber die Mehrzahl der Einwanderer dorthin hatte andere Motive, wirtschaftlicher, soziologischer, politischer Art. Und es mag seltsam klingen, ich glaube es dennoch: in unseren Tagen läuft der Mensch noch eher seinen Träumen nach als vor dreihundert Jahren.

Noch kühler und nüchterner sind die Motive, welche die Städte und Fürsten dazu veranlaßten, die Marranen aufzunehmen.

Warum sie es taten? Aus wirtschaftlichen Gründen. Nur darum, es gibt kein anderes Motiv. Sigmund Seeligmann hat das 1925 bereits in seiner Schrift: ›Het Marranen-Probleem uit oekonomisch Oogpunt‹[83] festgestellt und belegt – es ist wenig mehr dazu zu sagen. Einzig und allein bei den Staaten von Holland mag das Gefühl einer gewissen Solidarität, der Sympathie für Menschen, die sich gleich den Holländern vom Spanier und vom Papst befreien wollten, mitgesprochen haben. In den

Akten und Urkunden aber, in den Freibriefen und Privilegien, welche die Marranen in den Niederlanden und anderwärts erhielten, findet sich für solches Denken keine Spur. Das Privileg für die Kaufleute portugiesischer Nation zu Rotterdam von 1610, das ihnen volle Glaubensfreiheit als Juden zusagt, setzt voraus, daß sie mit den Juden in Venedig, Konstantinopel, Smyrna und anderen Orts Handel treiben. Menasseh ben Israel, der mit Cromwell über die Zulassung der Marranen nach England verhandelt, weist immer wieder auf die handelspolitische Bedeutung der Marranen hin und nur darüber wird debattiert – die Glaubensfrage ist ganz nebensächlich. Als König Christian von Dänemark[84] aus dem kleinen Hafen Glückstadt eine Konkurrenz für Hamburg schaffen will, läßt er überall auf der Welt, wo Marranen wohnen, einen Brief anschlagen, in dem er ihnen ›Liberte de Religion et de Commerce‹ verspricht. Als die Marranen mit dem Landgraf von Hanau über die Niederlassung verhandeln, ist der wichtigste Punkt, daß über Hanau die großen Landstraßen von Venedig und Antwerpen nach Prag, Wien, Nürnberg, Leipzig, Hamburg und Frankfurt laufen.

Das braucht, meine ich, nicht weiter belegt zu werden – niemand hat den Herren, Städten und Fürsten andere als wirtschaftliche Intentionen je unterstellt, als man die Marranen duldete und holte. Daß sie Papisten waren und nun Juden werden wollten, nahm man in den Kauf – das war ein Schönheitsfehler, den große Geschäfte und große Verdienste kompensieren sollten.

Ja, wenn die Marranen Katholiken blieben oder Lutheraner und Calvinisten wurden, war es noch weit einfacher – hier in den katholischen, dort in den protestantischen Ländern. Der Antwerpener Stadtarchivar Denucé hat den Stammbaum zweier großer Antwerpener Marranenfamilien verfaßt, der Ximenes d'Aragon und der Rodrigues d'Evora. Die geben ein seltsames und charakteristisches Bild von religiöser Buntheit.

Die Ximenes d'Aragon, die führende Familie unter

den Marranen des sechzehnten Jahrhunderts, zählt zu ihren Mitgliedern einen Kardinal, etliche Bischöfe und Kanonici, zahllose Domherren, Mönche, Nonnen und geistliche Ritter. An ihrem Marranentum ist kein Zweifel, es ist für einen Katholiken in den höchsten Ämtern manchmal unangenehm. Und so wird ein Zweig der Familie, rein jüdischen Bluts, durch ein Breve des Papsts Sixtus V.[85] 1585 für Altchristen erklärt, ja, damit es auch nach außen ersichtlich ist, dürfen die Ximenes d'Aragon ihrem Namen den Familiennamen des Papst, Peretti anhängen.

Zu den Anverwandten der Ximenes d'Aragon gehören die Medici in Florenz, unter ihnen ein anderer Papst, andere regierende Familien, alles das ist fröhlich untermischt mit dem flämischen und holländischen Hochadel calvinistischer Richtung, mit Juden wie den Teixeira de Mattos – alles ist dort so kunterbunt wie die heutige Nachkommenschaft, die zu gleichen Teilen ungefähr aus Katholiken, Juden und Protestanten besteht – ein Beispiel für manche andere Familien gewiß, die sich noch feststellen ließen.

Den Marranen ist schon früh, in den ersten Anfängen der Reformation, der Vorwurf gemacht worden, sie unterstützten Luther und Calvin, sie schmuggelten lutherische Bibeln in Massen nach Flandern und Seeland. So plausibel das klingt, so wahrscheinlich es ist, daß so natürliche und erbitterte Gegner der Inquisition die neue antipapistische Macht mit Freude begrüßten, so lassen sich doch gewisse Beweise dafür nur schwer führen. Fest steht jedenfalls, daß Middelburg, die Hauptstadt von Seeland, sehr bald zu dem eigentlichen calvinistischen Zentrum der Marranen wurde. Sie hatten dort früh schon die Mehrheit im Rat und bildeten jahrhundertelang das Regentenpatriziat. Diese Familien, die Lopez de Villanueva, de la Palma de san Fuente, Ximenes de Leon, sind im Lauf der Zeit völlig im holländischen Adel aufgegangen. Den Marranen jüdischer Religion stand diese Gruppe so fremd gegenüber wie der übrige calvinistische

Adel auch – von besonderen Beziehungen familiärer oder wirtschaftlicher Art läßt sich nichts feststellen. Die Middelburger calvinistischen Marranen waren meist Beamte und Offiziere, niemals mehr Kaufleute, wie ihre katholischen und jüdisch gewordenen Vettern.

Sieht man sich das weitere Schicksal der Amsterdamer Portugiesen an – und nur von ihnen möchte ich heute noch sprechen, es würde zu weit führen, wollte ich auch die anderen, die Hamburger und Londoner, hinzunehmen – betrachtet man ihr Schicksal im Gouden Eeuw, im goldenen Zeitalter Hollands, so läßt sich generell sagen, daß es ihnen wirtschaftlich gut ging, daß sie Geld verdienten, große Geschäfte machten – aber nicht die größten im Land. Die christlichen Amsterdamer waren ihnen überlegen – denn sie regierten und waren auch Kaufleute! Sombart, Wätjen[86] und auch manche jüdische Historiker, die das Thema berühren, wollen das nicht wahrhaben, es paßt nicht in ihre Theorien von den Juden, die von Amsterdam her den Weltmarkt beherrschen – aber es ist so. Und die Amsterdamer Lokalhistoriker zeigen es in ihren Berichten deutlich. Gewiß, auch Juden waren unter den Gründern der indischen Kompanien, aber es sind nur wenige, die sich Anteile kaufen können. Die Portugiesen, wie die Marranen nun offiziell und endgültig heißen, formen in den Aktionärslisten nie einen erheblichen Prozentsatz. Ja, der Reichtum der Familie de Pinto war sprichwörtlich wie später der der Rothschilds, ein paar portugiesische Geldmänner finanzierten den Zug Willems III. nach England, als er sich dort die Königskrone nahm, manche der Portugiesen waren reich und blieben es zwei Jahrhunderte hindurch – als Gemeinschaft aber, als Nation, waren sie nie eine Macht. Es kamen immer mehr kleine Leute aus Spanien und Portugal, die Gemeinde wuchs an Zahl und schwand an Geld – gegen Ende des 18. Jahrhunderts muß der durchschnittliche Vermögensstand schon sehr, sehr niedrig gewesen sein.

Für den Umfang ihrer Geschäfte im goldenen Zeitalter

aber und für den durchaus marranischen Charakter ihrer Geschäfte während des goldenen Zeitalters, während des ganzen siebzehnten Jahrhunderts aber gibt es zwei Beispiele. In Amsterdam erschien fünfzehn Jahre lang, von 1675 bis 1690 eine internationale Zeitung, die Gazeta d'Amsterdam, in spanischer Sprache, gedruckt von dem Portugiesen David Tartas. Diese Zeitung enthielt Berichte über Krieg und Frieden, über Schiffausfahrten, über die Sicherheit und Unsicherheit auf See, über Kapergefahren und dergleichen. Mit keiner Silbe aber wird in den fünfzehn Jahrgängen irgend etwas von jüdischer Art erzählt, das Wort Jude auch nur angeführt in diesem von Juden für Juden herausgegebenen Blatt.

Welchen Sinn hatte also diese Zeitung? Sie war einfach marranisch. Sie sollte wirtschaftliche Nachrichten allen Firmen weitergeben, die zu dem großen Netz der marranischen Kaufmannschaft auf Erden gehörten, die sollten über alles informiert werden, was für sie von Bedeutung war, vor allem über die Schiffahrt. Sie sollte aber auch – und hier liegt die Pointe – in die Hände der Marranen in Lissabon, in Valencia, Cadiz und Barcelona kommen, in die Hände katholischer, von der Inquisition bedrohter Marranen – und da durfte natürlich nichts erwähnt werden, was mit Jude und Judesein irgendwie zusammenhing.

Das ist das eine marranische Charakteristikum – das andere ist noch seltsamer. Jeder der marranischen Kaufleute in Amsterdam, Hamburg, in London und Übersee, führte sechs bis acht, oft ein Dutzend verschiedener Namen – mit gutem Grund. Nehmen wir ein Beispiel. Paulo Henriques de Milao, Lizentiat der Rechte, verläßt 1669, an dem Tag, da sein Vater von der Inquisition in Lissabon lebend verbrannt wird, Portugal für immer. In Amsterdam, wo er zum Judentum übertritt, nimmt er den Namen Moses Abensur an, wohl den alten Namen, den die Familie vor den Massentaufen führte – er trägt diesen Namen künftig in der Synagoge und in jüdischen Dokumenten. In amtlichen Papieren kommt mitunter ein Mischname vor, Moses Henriques oder Moses de Milan. Die Holländer machen daraus im täglichen Umgang Paul Hendricks oder Moses Hendrix. Als König Christian die Juden nach Glückstadt in Holstein ruft, geht der junge Mann dorthin, er wird Schiffsbauer und Reeder. Hier heißt er Paul Henriques, Paul Henrichs, ja, sogar nicht selten und simpel Paul Portugies. Nun hat er Schiffe laufen, die nicht gekapert und nicht als gute Prise erklärt werden sollen. Soll der Spanier sie nicht nehmen, so dürfen die Schiffspapiere nicht auf seinen Namen lauten, der ja auf den Proskriptionslisten der Inquisition steht: Und so finden wir in den Notariatsprotokollen zu Glückstadt und Hamburg, daß Paul Dircksen, alias Paulo de Milan, dies Schiff ausgerüstet hat, daß Paul Dierichs, Paul Hinrichsen, alias Paulo Henriques de Milan, Eigner jenes anderen Schiffs ist. Für diesen einen Mann habe ich zwölf verschiedene Namen, zwölf Alias, wie der Fachausdruck lautet, festgestellt.

Sie werden begreifen, meine Damen und Herren, daß es heute, nach dreihundert Jahren, nicht mehr ganz einfach ist, die Identität eines Marranen festzustellen, der unter einem Dutzend verschiedener Namen auf Erden und in den Papieren auftrat. Um es gleich zu sagen – es ist nicht mehr festzustellen. Denn – und das macht den Wirrwarr voll – in einer Familie brauchte jeder ein Alias nach Bedarf, so daß also beispielsweise unter dem Namen Paul Dierichs manchmal auch der Bruder des Paulo, Antonio de Milan, in der Synagoge Josua Abensur vorkommt oder beider Schwager Alvaro Diniz alias Benjamin Mussaphia alias Samuel Jachja alias, alias und so weiter.

Wir mögen in die Geschichte der Marranen, die noch so wenig beackert ist, vielleicht noch tiefer eindringen – in das Gewirr des Alias Ordnung zu bringen, die marranischen Handelsherren des 16. und 17. Jahrhunderts zu ordnen, ihren Lebenslauf und ihre Geschäfte zu verfolgen, wird nie möglich sein. Der verstorbene A. M. Vaz Dias hat ein Jahrzehnt mit dem Versuch verbracht, er hat aus den Amsterdamer Protokollen eine Unzahl Alias zusammengebracht und gedeutet, sortiert, geordnet – aber das ist nur ein Anfang und ein Versuch.[87] Sicherheit, historische Gewißheit gibt es auf diesem Gebiet nicht, wird es nie geben.

Wenn die Amsterdamer Portugiesen bei allen großen Geschäften dennoch nur an zweiter Stelle in Hollands Wirtschaftsleben rangierten, so lag das ganz einfach an der Tatsache, daß sie keine bürgerlichen und politischen Rechte besaßen. Weithin wird angenommen, daß die Juden in Holland bereits sehr früh, mit ihrer Ankunft schon, alle bürgerlichen Rechte erhalten hätten. Nichts ist weniger wahr. Politische und bürgerliche Rechte erhielten die Juden hierzulande, die Sefardim wie die Askenasim, erst unter der Franzosenherrschaft, anno 1796, durch das Dekret über die Gleichstellung der Juden mit den anderen Bürgern,[88] herausgegeben von der Batavischen Republik revolutionärer französischer Prägung. Bis dahin, zwei Jahrhunderte lang, bildeten die Portugiesen für die Obrigkeit eine besondere politische Gemeinschaft, die Portugiesisch-Jüdische Nation. Deren Mitglieder konnten nur ausnahmsweise das Poortersrecht, das städtische Bürgerrecht, erwerben, es ging nicht wie bei den Christen auf die Kinder über – sehr bald schon kamen sie gar nicht mehr darum ein. Wer aber nicht Poorter war, wurde nicht in die Gilden aufgenommen, konnte kein Handwerk lernen und ausüben – und so finden wir unter den Juden nur gerade die Handwerker, die sie aus religiösen Gründen brauchen, wie die Metzger. Und es versteht sich von selbst, daß die Juden in Holland bis 1796 kein Staatsamt ausüben, weder Beamter noch Advokat werden konnten.

Die Portugiesen haben sich diesem Zustand nie widersetzt, es lag ihnen in der Zeit ihrer Blüte nichts daran, Handwerker oder Beamter zu werden. Sie blieben Kaufleute, blieben in dem altüberkommenen Beruf, sie waren auch in Holland noch lange, was sie stets gewesen waren, der gehobene Mittelstand. Ihre Vorsteher waren

Bankiers, die Bankhäuser Teixeira de Mattos und Lopes Suasso, deren Inhaber als Juden geadelt wurden, bestehen heute noch, wenn auch als kleine Firmen, die längst schon im Besitz von Nichtjuden sind.

Von akademischen Berufen stand ihnen nur die Medizin offen, es gibt manche portugiesischen Namen in den Studentenlisten der Leidener Universität. Es fanden sich unter den Portugiesen viele angesehene Ärzte wie jener Efraim Bueno[89], den Rembrandt zweimal malte, seine Nachkommen und Vettern. Dazu kamen die verwandten, damals noch nicht akademischen Berufe der Chirurgen und Apotheker, die der Verordnung nach aber nur Juden behandeln durften. Eine andere Profession, welche die Portugiesen allerorten anzog, war die Schauspielkunst, in England Jacob de Castro[90] und in Amsterdam die Familien de la Mar, Furtado und Pimentel. Dazu kamen Dynastien von Druckern, die ansehnliches leisteten, und Buchhändler und Verleger, wie die Belinfante und Querido in unseren Tagen.

Vom Leben der Amsterdamer Portugiesen ist uns wenig bekannt, erst in unserer Zeit haben die Brüder Querido das Leben der portugiesischen Proletarier geschildert.[91] Wie die anderen lebten, die reichen Portugiesen des 17. und 18. Jahrhunderts, wissen wir aus keiner Niederschrift, keiner von ihnen hat Memoiren geschrieben, kein Briefwechsel ist veröffentlicht. Rembrandt hat sie gemalt, die Armen und Reichen, doch nur in wenigen Fällen wissen wir, wie der ehrwürdige Greis, der prunkvoll gekleidete Rabbiner im Leben hieß. Wir haben Bilder von den schönen Buitenverblijven, den Landhäusern der Pinto, Teixeira de Mattos, der Henriques de Castro, wie sie längs der Amstel und der Vecht standen. Und in den Kellern des Stedelijk Museum liegt der Hausrat, das ganze Mobiliar der Familie Lopes Suasso mit vielen Familienbildern, mit Wappen geschmückt – bis vor ein paar Jahren konnte man alles das aufgestellt in den Räumen des Museums bewundern. Vielleicht holen es die Juden einmal für ein eigenes Museum hervor.

Und dann ist da der alte, merkwürdige Friedhof in Oudekerk, den jeder von ihnen einmal gesehen haben sollte. Besonders den alten Teil, rechts vom Eingang, wo die wahrhaft feudalen Grabsteine liegen. Sie alle waren bereits im sumpfigen Boden versunken, bis Danis Henriques de Castro einen Teil vor vierzig Jahren hervorholte und ihnen einen neuen festen Boden gab. Jakob Ruisdael[92] hat den Friedhof gemalt und Goethe hat das Bild, die Sarkophage aus Marmor mit den prunkvollen Wappen, beschrieben[93], ohne zu ahnen, daß es ein Judenfriedhof war.

Daß die Marranen allzeit ein Stand waren, daß sie in den Niederlanden allzeit völlige wirtschaftliche Freiheit genossen, daß sie Kaufleute waren und blieben, daß sie kaufmännisch dachten – das hat nach einem Jahrhundert wirtschaftlicher Glorie zu Folgen geführt, die sich als verhängnisvoll erweisen sollten. Sie waren so sehr, so völlig und ausschließlich auf den Handel, auf die wirtschaftliche Karriere, auf die Jagd nach Geld eingestellt, daß die inneren geistigen Kämpfe, welche das übrige Judentum in den folgenden Jahrzehnten aufwühlten, unmerklich an ihnen vorbeigingen. Das galt nicht nur für die Portugiesen, sondern für alle Juden in Holland. Die Emanzipation glitt unbemerkt vorüber, nicht ein Portugiese war in diese Kämpfe verstrickt – die kommerzielle Gleichberechtigung hatten sie seit langem – die politische, das Recht zu wählen, jeden Beruf ergreifen zu dürfen, bedeutete ihnen nichts. Die große Revolution, die ja in Holland zwanzig Jahre eher begann als in Frankreich, durch den Aufstand der Patrioten, ließ die Portugiesen kalt – sie waren und blieben orangetreu.[94] Geistige Fragen waren in ihren Augen theologische Fragen – die überließen sie den Rabbinern, darum kümmerten sich die Laien nicht, das war nicht ihre Sache. Darum fand der Liberalismus in Holland niemals Boden, die Geistlichen hielten an der Tradition fest – die anderen befaßten sich nicht mit religiösen Fragen, die waren von wirtschaftlichen Problemen völlig in Anspruch genommen.

Was im angrenzenden Deutschland ein Jahrhundert innerer Kämpfe, heftiger Debatten für und wider bedeutete, existierte für die Juden in Holland nicht. Wer die Tradition verließ, verließ das Judentum: Uriel da Costa, Spinoza, Isaac da Costa.[95]

Nun mag man sagen, es sei nicht schade darum, daß diese Kämpfe, daß der Liberalismus den holländischen Juden erspart blieb. Aber es ging ja nicht nur um religiöse, es ging um alle geistigen Fragen – es gab hierzulande keine geistigen Debatten im neunzehnten Jahrhundert. Die politische und die geistige Emanzipation gingen an Holland so spurlos vorüber wie die religiöse. Und wo es keine Kämpfe gab, da gab es keine Köpfe. Männer, deren Ruf über Holland hinaus in die Welt drang, hat das Judentum hier nicht mehr hervorgebracht – ja, es zeigte sich von Jahr zu Jahr mehr, daß eine Volksgruppe ohne das Erleben innerer geistiger Kämpfe keine Führer in Zeiten der Not findet. Wir wissen das, wir haben das erfahren.

Die Starrheit im Geistigen, die Nivellierung des Geistigen später, führte zum Abfall in jederlei Gestalt, ja, man muß feststellen, daß die wenigen überragenden Gestalten unter den portugiesischen Juden den Glauben der Väter verlassen haben – mochten auch die Gründe recht verschiedener Art sein. Spinoza wurde ausgestoßen. Ein Großneffe Uriel da Costas, Isaac, Historiker, Dichter, Gelehrter, wurde anfangs des vorigen Jahrhunderts zu einer der führenden Gestalten des calvinistischen Holland, dessen Einfluß noch heute sich geltend macht, mit ihm ein anderer Portugiese, Capadose.[96] Auch David Ricardo,[97] der große Nationalökonom, wurde Christ.

Der Abfall aus soziologischen Gründen, die bedingungslose Assimilierung an die Oberschicht im Land, erfolgte in Holland durchweg ein halbes Jahrhundert später als in Deutschland, doch darum nicht anders, nicht weniger gründlich und nicht weniger zahlreich. Gleich nach der Rückkehr des oranischen Hauses 1815 war mehreren portugiesischen reichen Familien der Adel bestätigt worden, den Salvador, den Lopes Suasso und drei Zweigen der Teixeira. Bis auf die Lopes Suasso gingen diese Familien gegen Ende des Jahrhunderts alle zum Christentum über, mit ihnen die Mendes de Leon, die Sasportas, de la Mar und andere. Das ist von uns aus gesehen verwunderlich: die Teixeira de Mattos beispielsweise, die einzige als Juden geadelte Familie beinahe auf der Welt, die auf eine dreihundertjährige patrizische Geschichte zurückblicken konnte, zog es vor, christliche Jonckheeren wie hundert andere in Holland ohne Bedeutung zu werden – welch eine Stellung hätten sie unter den Juden auf Erden einnehmen können!

Seltsam nur – diese getauften Portugiesenfamilien sind die einzigen marranischer Abstammung hierzulande, die an der Geschichte ihrer Volksgruppe Interesse nehmen, die darüber schreiben, forschen, die schon einmal in der schönen Bibliothek der Portugiesen erscheinen.

Die anderen haben dafür kein Interesse. Heute aus denselben Gründen wie einst – nur das Niveau hat sich verschoben. Waren die Portugiesen in ihrer goldenen Zeit zu sehr in ihre großen Geschäfte verstrickt, als daß sie für ihre Geschichte hätten Zeit finden können, so sind sie heute so sehr verarmt, so sehr mit dem Kampf um das kärgliche Stück Brot befaßt, daß sie alles ablehnen, was nicht darunter fällt.

Der wirtschaftliche Niedergang setzte mit dem Ende des siebenjährigen Kriegs ein. Schon 1770 schrieb ein Anonymus, wahrscheinlich ein de Pinto, in der Zeitung über den jämmerlichen Zustand der Portugiesen, die nicht einmal mehr im Stand sind, Sabbat und Feiertage gebührend zu halten. ›Wir haben unseren Sommer gehabt, sagt er, der Winter nähert sich, während die hochdeutschen Juden, die wir Portugiesen mit Verachtung ansehen, mehr Fleiß und Sparsamkeit zeigen. Sie gehen vorwärts, wir gehen unter!‹ Vier Jahre später sagten sich die amerikanischen Provinzen von England los – das war ein neuer schwerer, nicht wiedergutzumachender

Schlag für den Amsterdamer Handel. Es kam die unruhige Patriotenzeit – es ging weiter abwärts. Im Jahre 1812 zählte die Gemeinde 2500 Seelen, und es waren 1420 unterstützte Arme darunter, so schnell lief es bergab.

Nun zeigte sich die andere Folge des Umstands, daß die Portugiesen stets auf den Handel beschränkt geblieben waren. Sie hatten kein Handwerk gelernt – erst sehr spät retteten sie sich in die Diamantenindustrie, an deren Entwicklung sie großen Anteil haben. Inzwischen aber waren sie wirtschaftlich von den bescheideneren, anspruchsloseren, eifrigeren Askenasim, den hochdeutschen Juden und ihren polnisch-jüdischen Folglingen, überholt worden – mählich und sicher traten die Portugiesen in den Hintergrund.

Es kamen die Folgen jahrhundertelanger Inzucht hinzu. Bis in das zweite Viertel des vorigen Jahrhunderts hatten die zweieinhalbtausend portugiesischen Juden nur unter sich geheiratet, kaum, daß die anderen sehr kleinen sefardischen Gemeinden Hollands dabei mitsprachen. Vor 100 Jahren noch galt den Portugiesen eine Heirat mit einer Hochdeutschen als Mesalliance. Im achtzehnten Jahrhundert war eine Gruppe italienischer Juden in die Gemeinde durch Verschmelzung der Synagogen aufgenommen worden, Familien wie die Morpurgo, Viggeveno, Rimini, Finzi, kamen hinzu, aber auch diese Blutauffrischung war nur gering. Erst sehr spät begriff man, daß Inzucht, daß das Untereinander-heiraten einer so kleinen Menschengruppe zur Degeneration, zur Erschlaffung, zu mentalen Krankheiten führen mußte. Als man sich entschloß, die Ehe mit Nicht-Portugiesen zu empfehlen, war es schon sehr spät. Alles wurde nun getan, um den Rückgang aufzuhalten – es wurde manches erreicht. Und es gibt darum heute nur noch wenige reine Portugiesen in dieser Stadt, Marranen ohne fremdes, ohne askenasisches Blut.

Nicht aufzuhalten war die fortschreitende Proletarisierung. Etwa achtzig Prozent von den Gemeindemitgliedern heute ist völlig besitzlos, nicht wenige gehören zu den Ärmsten der Armen, und es ist ein seltsames Gefühl, sieht man die klangvollen Namen auf den Karren der Lumpenhändler, die bislang mit ihrem Singsang durch die Straßen zogen. Die Gemeinde ist arm – reich ist sie nur an Stiftungen, die noch aus der Glanzzeit stammen, die aber genau für den vorgeschriebenen Zweck verwandt werden müssen. Im Waisenhaus der Portugiesen sind heute neun Kinder, für die reichliche, allzu reichliche Mittel zur Verfügung stehen.[98] Die Santa Companhia de Dotar Orphas en Donzellas, die 1615 gegründete Stiftung zur Aussteuer portugiesischer Brautpaare[99], läßt auch heute noch am zweiten Tag Purim die Lose ziehen – das eine Paar erhält fünfzig, ein anderes 3000 Gulden – es lohnt sich das anzusehen. Es gibt manche solcher alten reichen Stiftungen – die Gemeinde selbst ist arm, sehr arm. Die Masse der Mitglieder ist proletarisiert und fühlt sozialistisch, steht weit links.

In Hamburg und London ist die Entwicklung teilweise anders verlaufen. Die Hamburger Gemeinde, die zeitweise ebenso zahlreich war wie die Amsterdamer und nicht weniger wohlhabend, nahm den gleichen Weg: im siebzehnten Jahrhundert war ihre Blütezeit, im achtzehnten ging es mit ihnen bergab. Seitdem verschwinden sie aus der Stadt. Im Lauf der letzten hundert Jahre werden sie mählich weniger – um 1933 waren es nur noch ein Dutzend Familien. Aber ich kann Ihnen, meine Damen und Herren, nicht einmal präzise sagen, wo sie geblieben sind – so sicher manche Familien ausstarben, andere sich taufen ließen, so kann doch das Verschwinden von tausenden nicht so einfach erklärt werden. Vielleicht habe ich später einmal Gelegenheit, diesen Fragen nachzugehen.

Die Londoner Gemeinde blüht, der frühere Kriegsminister Leslie G.-B. gehört zum Vorstand und sieht darin eine Ehre, die Mitglieder sind zu drei Vierteln Askenasim. Die Zahl der eigentlichen Portugiesen, die in London nie auch nur annähernd so groß war wie in Amsterdam und Hamburg, war zurückgegangen – durch Aussterben, durch Taufe – daß man beschloß, neues Blut und neues Geld mit den Askenasim aufzunehmen, die zum Eintritt stattliche Summen zu opfern hatten. In New York hat man es ebenso gemacht. Die führenden Familien unter den englischen Portugiesen sind auch heute noch reich: die Mocatta, die Lousada, die Guedalla. Die kleineren Leute sind im Bürgertum aufgegangen. Sie sind nicht proletarisiert, aber sie haben oft – mit Rücksicht auf die Aversion der Engländer gegen alles Fremde – ihre Namen anglisiert.

Zum Schluß, meine Damen und Herren, möchte ich eine Frage berühren, die immer wieder gestellt wird: Wer unter den heute Lebenden stammt von Portugiesen, von Marranen ab?

Viele, die es glauben und behaupten, gewiß nicht. Weder Disraeli[100] noch Rathenau[101] noch Theodor Herzl[102] – die alle drei auf diese Abkunft stolz waren, die nicht die ihre war. Und alle die anderen nicht, die von einer solchen Tradition in der Familie wissen wollen.

Wer in Amsterdam Portugiese war, wer von ihnen stammt – das läßt sich leicht und präzise feststellen. Das Archiv der Gemeinde ist da, in der Bibliothek der Portugiesen liegen alte Memorbücher, im Oudarchief an der Amstel liegen die Bücher des Bürgerlichen Stands. Aber eine vage Überlieferung genügt natürlich nicht, um so etwas festzustellen, ein Anhalt ist schon erforderlich.

In Deutschland, wo man an der Geschichte der Marranen stets sehr interessiert war, gibt es Nachkommen von Marranen fast überhaupt nicht – es sei denn, die Familie trüge einen portugiesischen Namen, wie er in Hamburg noch vorkommt. Ich habe bei allen meinen Arbeiten in vielen Jahren nur eine einzige Familie feststellen können, die einen deutschen Namen trägt und doch unzweideutig portugiesischen Ursprungs ist, das ist die Familie mit dem urdeutschen Namen Hinrichsen. Sie stammt von Enrique Dias de Milao, der 1609 in Lissabon verbrannt wurde, von seinen Nachkommen habe ich heute schon einmal gesprochen. Paulo Henriques de Milan alias Paul

Henrichs lebte in Glückstadt, sein Sohn Michel Henrichs, auch Michel Portugies genannt, erwarb vom Herzog in Schwerin das Tabakmonopol für Mecklenburg. In Schwerin haben die Nachkommen zweihundert Jahre lang gelebt, aus Henrichs wurde 1812 Hinrichsen – die heutigen Vertreter der Familie sind der frühere demokratische Reichstagsabgeordnete[103], wenn er noch lebt, und der Geheimrat Hinrichsen[104], der Eigentümer der Edition Peters, des Musikverlags.

Das ist ein Fall, der sich urkundlich genau zurückverfolgen läßt. Aber er ist sehr selten, was Deutschland angeht, und der einzige Fall, der für Polen angeführt wird, ist sehr strittig. Es bedarf eines Dokuments, zum mindesten eines Anhalts, um die Abstammung von Marranen festzustellen – das Gefühl, man stamme von ihnen ab, weil einem die braven askenasischen Vorväter zu bieder vorkommen angesichts der inneren Stürme in Herz und Seele – das genügt leider nicht. So schön es auch manchmal wäre.

Sechster Teil

Meine Damen und Herren,

wenn ich in den fünf Vorträgen bisher versucht habe, die Geschichte der Marranen nüchterner zu schildern, als das sonst gemeinhin geschieht, wenn ich diesem Abschnitt jüdischer Geschichte vielleicht manchen Reiz genommen habe, so klingt doch das letzte Kapitel, mit dem ich heute schließe, in meinen Ohren romantischer, seltsamer, abenteuerlicher und grandioser als alles, was zu unseren Lebzeiten unter Juden geschehen ist.

Zu unseren Lebzeiten – denn es ist eine Geschichte aus dem Jahr 1925. Eine Geschichte, die – so meine ich – für Juden, für Judentum und Judesein wichtig ist, wenn sie auch in den kümmerlichen Blättern, die sich überall als ›die jüdische Presse‹ ausgeben, damals nur mit ein paar Zeilen im kleinsten Druck abgetan wurde, so daß sich wahrscheinlich nur wenige von Ihnen daran erinnern werden: an die Wiederentdeckung der Marranen in Portugal. Davon will ich Ihnen im historischen Zusammenhang erzählen.

Es war in Portugal wie in Spanien: Solange die Inquisition die neuen Christen verfolgte und hetzte, Menschen, die nun schon mehr als zwei Jahrhunderte in diesem neuen Glauben lebten, solange die Scheiterhaufen brannten, hörte die Welt von den Marranen. Reisende, die schreckerstarrt einem Autodafé beigewohnt hatten, berichteten daheim und fanden ungläubige Ohren. In den englischen, holländischen und deutschen Zeitungen des 18. Jahrhunderts stehen immer wieder Berichte von den Kerkern und Foltern des heiligen Tribunals, von den Feiern, bei denen Menschen lebend verbrannt wurden, weil sie sich weigerten, dem Gesetz Mosis abzuschwören. Und immer noch kamen Flüchtlinge über Land und zu Schiff in die freien Länder, die erzählten, wie ihre Eltern und Geschwister umgekommen waren.

Noch im Jahre 1760 wurden acht Marranen in Portugal in feierlichem Autodafé verbrannt. Acht Jahre darauf wurden noch zwei wegen Judaisierens vorgeführt – im gleichen Jahr 1768 aber läßt Pombal[105], der Staatsmann, der das Land reformiert und Portugal in die moderne Zeit einführt, alle Register verbrennen, in denen verzeichnet steht, wer von marranischen Eltern stammt. Die Sambenitos, die zur Schande zahlloser Familien in den Kirchen hängen, werden herausgeholt. Ja, der Minister geht gründlich vor: binnen vier Monaten müssen alle jene Familien, die sich ihrer altchristlichen reinen Abstammung rühmen, ihre Kinder mit Jünglingen und Mädchen aus neuchristlichen Geschlechtern verheiraten – das wird mit Energie durchgeführt. Mit der Rassenreinheit der Portugiesen ist es zu Ende, ein jeder im Land stammt nun gleichermaßen von Juden ab.

Und niemand hört mehr von den Marranen – hundertfünfzig Jahre lang. Ihr Trotz ist erlahmt, es gibt nichts mehr, gegen das es sich wehren gilt. Der uralte Feind, die Inquisition, ist machtlos, zu einem komischen Popanz geworden, der aus grauer Vorzeit in die Gegenwart ragt, ohne jemanden noch erschrecken zu können. Niemand flüchtet mehr um des Glaubens willen ins Ausland. Junge Generationen wachsen auf. Für die Welt draußen gilt Portugal als ein katholisches Land wie alle die anderen Länder romanischer Zunge, in denen ein jeder zum römischen Glauben gehört.

Die Juden in London und Amsterdam, denen Portugal stets die alte Heimat war, die Marranen allzeit ferne Vettern blieben, spüren, wie sie mählich die Beziehungen verlieren. Dort unten hat man sich, nun der Druck des heiligen Tribunals nachließ, schnell und gründlich assimiliert. Es kommt die Zeit, da die Amsterdamer Kaufleute ungehindert als Juden nach Lissabon fahren, ihre Geschäfte zu betreiben – sie kommen in ein Land, in dem nur Katholiken wohnen.

Die portugiesischen Marranen sind verschollen, sind aufgegangen im Volk, ohne eine Spur zu hinterlassen.

In Briefen, in Zeitungen und Reiseberichten werden sie nicht mehr erwähnt, es gibt keinen Anlaß mehr, von ihnen zu sprechen.

Gewiß, einige Male scheint es, als ob noch etwas lebe dort unten, was an sie erinnert – aber es scheint nur so. Als die Franzosen 1807 das Land besetzen, werden sie begeistert von zwanzigtausend Juden begrüßt, so berichtet ein Soldat der napoleonischen Armee. Aber da es nur einer berichtet und es doch keine Juden in Portugal gibt, zucken sie die Achseln, die Hörer und die Geschichtsschreiber nach ihnen. Eine Synagoge wird in Lissabon errichtet, zur Eröffnungsfeier kommen viele vornehme Portugiesen – aber die sind halt neugierig, was sonst kann das besagen? Die Juden, die nun in Lissabon leben, afrikanischer oder östlicher Herkunft, wissen jedenfalls nicht mehr zu berichten. Und schließlich erzählt George Borrow, ein Engländer, der Verfasser des einst populären Buchs ›The Bible in Spain‹[106] eine kuriose Geschichte: Wie er im Dunkeln eines Abends einem Mann am Ufer begegnet sei, dem er von der Bibel gesprochen habe und der schließlich gefragt habe: Sind Sie denn einer von uns? Wie der Mann sich schließlich als geheimer Jude zu erkennen gab, sich mit dem alten ruhmreichen Namen Abarbanel vorstellte, von einem unterirdischen Judentum in der Stadt erzählte ... Aber ein jeder wußte, daß dieser George Borrow ein romantisch verstiegener, phantasievoller Mann war – als eine hübsche Buchidee nahm das Publikum seine Geschichte. Und wahrscheinlich war sie auch nicht mehr.

Im Jahre 1917 kam Samuel Schwarz[107], ein Bergbau-Ingenieur, der aus Polen stammte und in Lissabon seit Jahren wohnte, zur Ausbeutung einer Zeche nach Belmonte, einer kleinen Stadt in den Bergen Nord-Portugals. Die Leute dort, arme Bauern und Tagelöhner, bewarben sich darum, bei ihm Arbeit zu erhalten, und machten nach altem Brauch die Mitbewerber schlecht. ›E a judeu‹ – er ist ein Jude, meinte einer, deutete auf seinen Nachbarn und meinte, damit sei alles gesagt.

Schwarz, ein guter Jude, Mitglied der kleinen Lissaboner Gemeinde, horchte auf. Er wandte sich an den Juden, fragte ihn vorsichtig aus, mußte aber hören, daß der Mann eine Altchristin geheiratet habe und nur noch wenig Beziehungen zu seinen Glaubensbrüdern unterhalte. Aber er stellte Schwarz den anderen vor: ›E dos nossos‹ – er ist einer von uns, flüsterte er vertraulich. Langsam, gegen manche Widerstände, gewann Schwarz das Vertrauen der Bauern.

Sie glaubten ihm nicht, daß er ein Jude sei. Denn sie hatten noch nie von Juden außerhalb Portugals, jenseits ihrer geheimen Zusammenkünfte gehört. Von der großen Judenheit in der Fremde, die sich offen und ungehindert zu ihrem Glauben bekannte, war nie ein Laut in die Abgeschlossenheit ihrer Berge gedrungen. Und Schwarz kannte die seltsamen Gebete nicht, die vom Vater auf den Sohn unter den Marranen überkommen waren, kurze Bittsprüche in altportugiesischer Sprache, an denen diese Letzten einander als Brüder erkannten.

Schließlich holten sie eine alte Frau, die mit besonderer Verehrung behandelt wurde und ihn aufforderte, eins seiner Gebete zu sprechen. Schwarz sprach, wie es jeder Jude getan hätte, das Sch'ma. Als er den Namen Gottes – Adonai – aussprach, bedeckte die Frau ihre Augen mit den Händen. Als er geendet hatte, wandte sie sich an die Umstehenden: ›E dos nossos‹, sagte sie, ›er ist wirklich ein Jude, denn er kennt Adonai, den Namen Gottes‹.

So stellte ein Wort, das letzte Überbleibsel der hebräischen Sprache in Portugal, nach Jahrhunderten wieder den Kontakt her zwischen den letzten Marranen und der jüdischen Welt.

Nun als Glaubensgenosse anerkannt, hatte Schwarz es nicht mehr schwer, von den Marranen zu erfahren, was er wissen wollte. Was er hörte, war so erstaunlich, daß er es anfangs kaum fassen konnte. Das ganze Gebirge, in dem Belmonte liegt, die Serra da Estrella, ist marranisches Land, in Belmonte, Guarda, Covilhão ist jedermann jüdischer Abkunft. Aber nur ein Teil von ihnen übt jüdische Bräuche in der seltsamen, verkümmerten, kaum noch erkennbaren marranischen Form. In den Jahren, die folgten, prüfte Schwarz das Problem mit wachen Augen. Und er stellte fest, daß die drei nördlichen Provinzen Portugals: Traz-os-Montez, Beira und Entre Douiro e Minho zum weitaus größten Teil von Marranen bewohnt sind, von beinahe reinblütigen Juden der Abstammung nach. Er fand sie als Mehrheit der Bevölkerung in Fundão, Castello Branco, Idanha, Pernamacor, Braganza und Monsanto.

Als Schwarz 1925 sein Buch veröffentlichte: Os Christaos Novos em Portugal no secula XX, kam diese Schrift wie ein Märchen über die Juden in die Außenwelt. Noch im gleichen Jahr sandte die Londoner Portugiesengemeinde den Journalisten Lucien Wolf[108], den besten Kenner der Marranengeschichte bisher, nach Portugal – sein Bericht bestätigte in nüchternen Worten all das Romantische, das Schwarz erzählt hatte. Wiederholt kamen nun Besucher ins marranische Land, sogar ein Amsterdamer Portugiese, der Bibliothekar da Silva Rosa, suchte die fernen Vettern auf, es gab viele Pläne und viele Hoffnungen. Als ich sechs Jahre darauf in die Berge reiste, waren schon viele Marranen offiziell zum Judentum zurückgekehrt. Dann kam der Rückschlag. Um dieselbe Zeit, vor zehn Jahren, als auch in anderen Ländern Feindschaft gegen die Juden losbrach – Sie werden sich gewiß daran erinnern – ging auch die katholische Kirche in Portugal daran, die Schäflein, die sich zu verirren drohten, in den Schoß der mater ecclesia zurückzuholen – ich will Ihnen von alledem, was seit 1925 im marranischen Land geschah, später in diesem Vortrag berichten.

Nun aber, meine Damen und Herren, möchte ich Sie bitten, einmal zu bedenken, was es heißt, durch mehr denn vier Jahrhunderte einen Glauben zu bewahren, der mit allen erdenkbaren Mitteln, mit den grausamsten, mit Tod und Brand und Folter und Konfiskation verfolgt wurde. Verfolgt vom Staat und von der Kirche, von der weltlichen und von der geistlichen Macht im Land – was es bedeutet, sich eine Religion zu erhalten ohne alle Mittel der Erhaltung, ohne Bücher, ohne Schriften, ohne Geistliche, ohne jede Verbindung mit der großen Masse der Glaubensbrüder, ohne jedes Wissen um deren Existenz da draußen – was das sagen will von Bauern, kleinen Kaufleuten, Handwerkern, Arbeitern, Tagelöhnern, von Menschen, unter denen kaum einer ist, welcher lesen und schreiben kann, die unter armseligen Verhältnissen in den kleinen Städtchen und Dörfern abgeschlossener Bergtäler leben!

Wenn wir Juden bisher bei dem Wort Marranen an die falsche Ritter-Romantik gedacht haben, von der so viel in der schönen Literatur zu finden ist von Heinrich Heines Abarbanel bis zu Sinsheimers[109] Maria Nunes, so tun wir heute, da wir wissen, daß nichts daran ist, gut und recht, dieser kleinen Bauern im Norden Portugals zu gedenken, unserer Zeitgenossen, die mit Stolz und Trotz und Zähigkeit, die mit einer Treue sondergleichen einen Glauben hochhalten, durch die Jahrhunderte, durch Tod und Verdammnis tragen, von dem sie kaum mehr wissen, als daß er ihnen von Geschlecht zu Geschlecht vom Vater auf den Sohn überkommen ist. Und daß die Väter für ihn gelitten haben.

Für einen Glauben, von dessen Sprache ihnen nichts geblieben ist als ein einziges Wort: Adonai – Gott!

Wenn wir uns nun fragen, was es denn eigentlich ist, das die Marranen zusammenhielt, das die Juden auf Erden zusammenhält, so muß die Antwort simpel lauten: ihr Judentum.

Das Judentum in dreierlei Gestalt: Als Religion. Als Lebensform. Als Schicksalsgemeinschaft.

Es ist unmöglich für den Historiker festzustellen, welche von den drei Komponenten in einem bestimmten Augenblick jüdischer Geschichte am schwersten wog – es ist ja stets so, daß die konkreten Lebensäußerungen in Akten und Urkunden leichter und häufiger faßbar sind als die Imponderabilien. Bei den Marranen dürfen wir jedenfalls getrost sagen, daß alle drei Momente auf den Verlauf ihrer Historie entscheidenden Einfluß gehabt haben.

Erst wir heute wissen, können beurteilen und fassen, wie sehr das Judentum eine Schicksalsgemeinschaft zu sein vermag. Vor uns haben das im gleichen Ausmaß nur die Marranen gewußt.

Denn während die Juden sonst der Gemeinschaft und der Verfolgung entkommen konnten, indem sie ihrem Glauben abschworen, waren die Marranen und wir – und nur diese beiden Gruppen – ihrem Schicksal unentrinnbar verhaftet.

Doch mehr noch als uns ist den Marranen das Judentum eine Lebensform gewesen. Sie waren ja, wie ich mehrfach betont habe, ein eigener Stand und blieben das – alles, wodurch sie sich von ihrer altchristlichen Umgebung und den anderen Ständen unterschieden, war ihnen jüdisch, wurde von ihnen als Teil ihres Judeseins angesehen. Auch als Bekenner des Christentums fühlten und zeigten sie sich als eine eigene Gemeinschaft jüdischen Stamms, als Menschen, die zwar offiziell dem Glauben nach nicht mehr Juden waren, sich aber in ihrem ganzen Auftreten, in ihrem wirtschaftlichen Verhalten, in ihrem Zusammenleben untereinander und in ihrer Absonderung von den Christen als Juden kundgaben. Dies geschah zum ersten und einzigen Mal in der Geschichte: den Marranen, die offiziell alle und zum Teil sogar ehrliche Christen waren, die sich aber als Gemeinschaft fühlten, stand das Judentum als Lebensform höher als die jüdische Religion. Erst wenn sie ins Judentum zurückkehrten, wechselte das.

Die Bauern im Norden Portugals haben von allen drei Formen des Judentums nur Reste bewahrt. Daß sie durch das Schicksal zu einer Gemeinschaft geworden sind, wird durch die Tradition, durch die Erinnerung an die Märtyrer, die es in jeder Familie gibt, festgehalten und bewahrt. Als Lebensform kann ihnen das Judentum nicht viel mehr sein, sie sind schon längst kein eigener Stand mehr, sie leben just wie alle anderen Kleinbürger und Proletarier in Portugal, kärglich, bescheiden und zufrieden. Die jüdische Religion ist in ihrem Bewußtsein auf ein Minimum zusammengeschrumpft – auf ein paar Worte und Riten, auf weniger, viel weniger, als die Marranen der glorreichen Epoche von dem Glauben wußten, dem sie im geheimen anhingen.

Aber diese Religion, so kümmerlich ihr Wissen um sie ist, steht den Marranen von heute für alle drei Formen des Judentums. Sie ist das Symbol, das für alles Jüdische steht, eine Fahne, zerschlissen und ins Unkennbare verblaßt, eine Fahne aber, um die sie sich scharen, die ihnen Trost und Hoffnung bedeutet.

Es ist das die Rolle der jüdischen Religion in der jüdischen Geschichte Jahrtausende hindurch gewesen. In der biblischen Zeit schon, in der das selbstverständlich war, aber auch in unseren Tagen, in denen sich das keineswegs so sehr von selbst versteht. Das Christentum hat sich dieser Rolle in der Geschichte christlicher Staaten längst begeben – ob der Islam sie noch spielt, wissen wir nicht, jedenfalls findet sie seit Jahren keinen Ausdruck mehr.

Nirgendwo aber wird die Religion als Symbol des Judeseins deutlicher, schärfer charakterisiert als in der Historie der Marranen, die nach außen hin alle und nach innen zum Teil ihr gar nicht angehörten. Es starben Marranen, die allzeit als Christen gelebt hatten, mit dem Sch'ma auf den Lippen, es starben Marranen auf dem Scheiterhaufen als abtrünnige Juden, die sich nie nach dem Glauben Mosis gesehnt hatten. Es flüchteten ehrliche Katholiken vor der Inquisition ins Ausland und wurden dort Juden, überzeugte Juden. Generationen setzten ihr Leben aufs Spiel für einen Glauben, von dem sie fast nichts mehr wußten, bei dem das wenige noch dazu irrig war.

Ich glaube, es ist der Mühe wert, sich einmal mit der Religion der Marranen zu beschäftigen.

Da die Marranen eine Schicksalsgemeinschaft besonderer Art waren, da sie ihre eigene Lebensform hatten, sollte man annehmen, daß aus ihrem unterirdischen, illegitimen Judentum eine besondere marranische Religion, eine Abart des Judentums mit eigener Theologie entstanden sei. Aber dem war nicht so.

Die Marranen haben der Einheit des jüdischen Glaubens, die ja im Lauf der Jahrtausende nur sehr selten erschüttert wurde, keinen Eintrag getan. Es gibt keine marranische Religion und kaum eine marranische Theologie.

Es konnte nicht anders sein, als daß die Marranen bei der unterirdischen und illegitimen Form ihrer Glaubensbetätigung viel vom Inhalt und Ritus der jüdischen Religion verloren. Wir wissen aus der Geschichte, wie sehr und wie oft sich jüdisch-religiöse Werte unter dem äußeren Druck veränderten, schwanden, verkümmerten. Aber dem gegenüber steht, daß die Marranen, die zum Judentum zurückfanden, die gesamten jüdisch-religiösen Werte aufnahmen, so, wie sie sie draußen vorfanden. Und zwar stets ohne Einschränkung, oft mit erstaunlicher Fähigkeit und Begabung.

An dieser Feststellung ändert sich nichts, wenn ich berichte, daß die Religion der Marranen ihre eigene Entwicklung durchgemacht, daß sie zeitweilig eigene Formen, Riten und auch eigenes Gedankengut gezeigt hat. Wenn der Fluß ihres Glaubens zeitweilig vom großen Strom der jüdischen Religion abzweigte und für eine geraume Periode nebenher lief, so mündete er doch schließlich wieder in den Hauptstrom ein. Das allein ist entscheidend – was nicht ausschließt, daß wir hier einmal betrachten wollen, was wir denn eigentlich vom religiösen Denken und Fühlen der Marranen wissen.

Zeitlich läßt sich die Religionsgeschichte der Marranen in drei Perioden einteilen, von denen die ersten beiden je ein, die dritte zwei Jahrhunderte währte.

Das erste Jahrhundert, von 1391 bis 1497, umfaßt die Zeit, da die Marranen auf der iberischen Halbinsel neben der großen jüdischen Gemeinde daherleben – der Kontakt zwischen den Zwangsgetauften und den anderen, die diesem Schicksal entgangen waren, war noch eng. Die Marranen wußten vom Judentum just so viel wie die Juden, und wir finden in den frühen Inquisitionsakten immer wieder den Vorwurf, der Angeklagte habe in den Häusern der Juden jüdisch-religiöse Gebräuche mitgemacht, an den Festen mitgebetet, ja, die Synagogen besucht. In dieser Zeitspanne entspricht der illegitime Glaube der Marranen, die jüdisch fühlten, in allen Einzelheiten dem Glauben der Juden am Ort.

Die zweite Periode umfaßt die Zeit von 1497 bis 1598, die Blütezeit der Marranen, die Zeit, in der sie ein eigener mächtiger Stand in Spanien und Portugal sind. Sie beginnt mit der Vertreibung der Juden und endet mit dem ungefähr gleichzeitigen Tod der beiden erbitterten Gegner: des marranischen Königs Antonio von Portugal, dem ein marranisches Reich vorschwebte, und Philipps II. von Spanien. In dieser Zeitspanne treten die Marranen auf der Halbinsel an die Stelle der Juden, sie sind nun allein. Jüdische Sitten und Bräuche schwinden, aber noch ist die Tradition jung und unverbraucht, in diesen drei Generationen nach dem Abzug weiß man noch um die jüdischen Werte, und die eigene Stellung der Marranen erlaubt ihnen den Kontakt mit den Juden im Ausland, in Italien, Nordafrika und der Türkei.

Die dritte Periode, von 1598 bis zur französischen Revolution, bis zum Erlöschen der Inquisition, ist die eigentliche Zeit der marranischen Form jüdischer Religion. Jeder Kontakt mit dem lebendigen Judentum ist abgerissen, die Marranen sind ganz auf sich gestellt. Sie führen ein Doppelleben, der illegitime Glaube verkümmert, gelangt bei den mühseligen Versuchen, sich zu erhalten, auf Nebenwege. Es ist die Zeit, die lange Zeit, da die Religion der Marranen versickert, aus den Augen der Umwelt verschwindet, eine unterirdische Existenz führt, bis sie dann jäh in unseren Tagen wieder ans Tageslicht tritt.

Cecil Roth hat in einem langen Aufsatz alles zusammengetragen, was sich an jüdischen Bräuchen, liturgischen und rituellen Resten in den Akten, in den bisher gedruckten Inquisitionsprotokollen findet. Es sind hundert kleine Einzelheiten, jede in sich interessant und wichtig – vom Glauben der Marranen aber sagen sie nichts. Doch sieht man sich selbst die Urkunden an, so findet sich doch noch mancherlei, jenseits von Ritual und Liturgie, das den marranischen Charakter der unterirdischen Religion während dieser dreieinhalb Jahrhunderte kennzeichnet.

Es gibt da einen Hauptsatz, der durch das ganze religiöse Leben der Marranen geht: Du sollst durch den Glauben an das Gesetz Mosis erlöst werden, nicht durch den Glauben an Jesus Christ! Sie sehen, meine Damen und Herren, das ist typisch marranisch gedacht – Erlösung, selig werden, ist eine katholische Konzeption, dem Judentum wesensfremd. Wir haben hier im Leitsatz der Marranen die charakteristische Erscheinung: den jüdischen Inhalt in katholischer Form.

Das finden wir häufiger, ja, immer dann, wenn es um die Auslegung der jüdischen Lehre im Sinn der Marranen geht. Als die biblische Gestalt, die ihnen am nächsten steht, als ihr Sinnbild geradezu, betrachten die Marranen die Königin Esther, die ihr Volk und ihr Vaterland nicht verriet, die nicht von ihrer Herkunft noch von ihrer Geburt sprach und dennoch treu blieb in fremder Umgebung. So erscheint sie in den Akten der Marranen nicht selten als Sankt Esther, wie wir auch einem heiligen Daniel, einem heiligen Tobias in ihrer Liturgie begegnen, in der Liturgie der kleinen Leute und der späten Zeit.

Da Menschen, die katholisch aufwachsen, streng kirchlich erzogen sind, ohne Heilige nicht leben können, da die Gebildeten unter ihnen wissen, daß die jüdische Religion keine Heiligen kennt, so treten an deren Stelle die eigenen Märtyrer, jene Opfer der Inquisition, die aufrecht, mit dem Sch'ma auf den Lippen zur Heiligung des Namens starben. Einige von ihnen, deren Schicksal allüberall bekannt war, wo Marranen wohnten, wurden so zu marranischen Heiligen par excellence, wozu noch die vielen anderen kamen, die Märtyrer aus der eigenen Familie, von denen ein jeder Marrane erzählen konnte. Ja, das geht so in christlichen Gedankengängen noch weiter: Dem Andenken des Diogo de Assumpção, eines Franziskanermönchs, der 1603 zu Lissabon fünfundzwanzigjährig verbrannt wurde, weiht sich eine marranische geistliche Bruderschaft, eine Art Laienorden, der in den Eingängen der marranischen Synagogen dem Andenken des Märtyrers drei Kerzen weiht.

Je weiter die Entfernung der Marranen von den Juden räumlich und zeitlich wird, um so mehr Eigenart gewinnt der jüdische Glaube der Marranen. Schon im siebzehnten Jahrhundert scheint es, als ob in ihren Augen die Inquisition, Verfolgung und Martyrium, so sehr schon Bestandteil des jüdischen Glaubens geworden sind wie der Zwang zur geheimen Ausübung ihrer Religion. Sie wissen es schon nicht mehr anders. Der Druck der Außenwelt, die von ihr erzwungenen Notmaßnahmen, die Erleichterungen, welche das glaubenstreue Judentum ihnen für ihre schwere Zeit zugestand, werden so zu einem Lebensprinzip für Generationen, zu einem unlöslichen Bestandteil des Glaubens selbst.

Für sie, die unter stetem Druck, in Angst und Bedrängnis leben, wird naturgemäß die Sehnsucht nach der Erlösung der alles bestimmende Leitgedanke. Und je danach, wie sie in ihrem Doppelleben just tendieren, ohne daß sie sich dessen bewußt sind, drücken sie diese Sehnsucht christlich oder jüdisch aus. Sie betonen immer wieder, daß man auch im Stand der Anussim, der Zwangsgetauften, der Marranen, selig werden könne, wenn man sich nur zur Einheit Gottes bekenne, sich an die Gesetze Mosis halte, das Ritual nach Möglichkeit ausübe.

Sie halten sich begreiflicherweise an das Alte Testament und nehmen statt des neuen die Apokryphen hinzu. Schwer verständliche, selten kommentierte Sätze aus dem Buch des Baruch etwa erläutern sie in ihrem Sinn. Frühe marranische Anschauungen entwickeln sich selbständig ohne jüdischen Einfluß weiter. Den ersten Marranen war die Katastrophe, die Zwangstaufe, ein Zeichen Gottes. Gott hatte sein Volk verlassen, es war sein Wille, daß man sich dem Verhängnis beuge und die Taufe nehme. Die Ursachen suchten sie bei sich, bei den eigenen Fehlern. Nun, nach Jahrhunderten, hatte dieser Gedankengang zu der Auffassung geführt, daß man das Land des religiösen Drucks und der Gefangenschaft, in dem Gott die Marranen festhalte, nicht verlassen dürfe, bis Gott sein Volk von allen Enden der Welt versammle. Wenn man auch nicht allgemein so dachte – wie ja marranisches Denken örtlich stets und oft variierte – so hat diese Logik doch manchen Marranen an der Emigration verhindert.

Weit verbreitet war unter den Marranen, auch unter jenen, die schon zum Judentum zurückgekehrt waren, die Idee, daß die Erlösung des Volks erst nach weitest möglicher Zerstreuung eintreten werde. Darum förderten und ermöglichten Marranen die erste Fahrt des Christoph Columbus, darum gingen so manche von ihnen als Conquistadoren in die neue Welt, darum finden wir sie unter den ersten Europäern in Indien, in Japan, in der Südsee. Darum ist auch unter ihnen, fast allein unter ihnen, der Gedanke an die verlorenen zehn Stämme lebendig.

Einer von ihnen, Menasseh ben Israel, der die Marranen nach England bringen will, als Marrane Manoel Dias Soeiro geheißen, hat auf dieser Idee in seinem Buch ›Esperança de Israel‹ einen marranischen Gedankengang aufgebaut: Es gilt, so sagt er, die verlorenen zehn Stämme zu finden, in Amerika, in China oder in Äthiopien. Denn sie existieren noch, sie warten auf uns. Ohne sie gibt es keine Erlösung. Alles, was geschah, die Vertreibungen und Wanderungen – alles das sind nur Etappen auf dem Weg zur endlichen Erlösung. Das Martyrium der Marranen in Spanien und Portugal – auch das muß sein, nichts sonst erhärtet so sehr den Anspruch der Juden auf Erlösung. Daß es Marranen immer wieder gelingt zu entkommen, daß sie als Juden draußen in der Welt bald wieder zu Ehren, Ansehen und Einfluß gelangen, alles das beweist, daß Gott sein Volk nicht verlassen hat. An dem Niedergang Spaniens und Portugals, am Aufstieg Hollands und Englands, offenbart sich die Gerechtigkeit Gottes. Das ist marranisches Denken, marranische Logik, marranisches Hoffen bei einer der größeren Gestalten – er schrieb so schon als Jude, aber er war als Marrane geboren.

Eng mit alledem verbunden blieben die beiden großen jüdischen Erlösungsideen, der Glaube an den Messias, die Hoffnung auf die Rückkehr ins heilige Land.

Den Marranen der großen Zeit, den internationalen Kaufleuten, mit ihrem geschärften politischen Sinn, lagen solche Ideen nahe. Hinzu kam das Bußbedürfnis der Marranen nach dem sühnenden Boden des heiligen Lands. Und das Verlangen, sich vor dem Messias zu verantworten, sich zu rehabilitieren.

Fritz Baer bringt uns in seinem Urkundenbuch bereits für das Jahr 1500 Akten über eine Prophetin in Segovia, die das unmittelbare Kommen des Messias den Marranen weissagte. Es folgen im selben Jahr das Mädchen von Herrera, die Prophetin von Chillon, die Prophetin von Almodavar. Es sind leider nur Bruchstücke der Inquisitionsakten erhalten, aber es scheint, daß diese Frauen mit ihren Anhängern verbrannt wurden. Auf dem ersten Autodafé in Portugal erscheint der Schneider Luis Dias aus Setubal, ein armer ungebildeter Mann, der sich als der Messias ausgibt, eine große Gefolgschaft unter den armen Neuchristen gewinnt, die fest glauben, daß er Wunder tut. Mit dreiundachtzig seiner Anhänger wurde er verbrannt.

Es ist hier nicht Raum, um von all den vielen kleinen messianischen Bewegungen zu erzählen, welche die Marranen erregten, von all den Pseudo-Propheten und falschen Erlösern, die im Lauf der Jahrhunderte am Brandpfahl starben. Aber ich möchte auf David Reubeni [110] hinweisen, diesen seltsamen Abenteurer, von dem wir auch heute noch nicht genug wissen, um uns ein Urteil über ihn zu gestatten. Er hatte seine ganze Gefolgschaft unter den Marranen, nur bei ihnen fand er Boden, schnell und weit. Unter der Anklage, die Marranen in ihrem christlichen Glauben schwankend gemacht zu haben, wurde er mit seinem marranischen Gefolgsmann Salomon Molcho[111]verhaftet, der junge Marrane wurde verbrannt – in Mantua durch die römische Inquisition.

Als Sabbatai Zewi[112] als der Messias aufstand, begegnete er überall zwiespältigen Gefühlen. Doch die portugiesischen Gemeinden in Amsterdam und Hamburg hingen ihm in ihrer überwiegenden Mehrheit sofort an – die Ergebenheitsadressen, die sich erhalten haben, gehören zu den seltsamsten Dokumenten in der jüdischen Geschichte neuerer Zeit. Den Marranen war das Kommen des Messias in ihrer Zeit verheißen, sie waren in diesem Gedanken aufgewachsen und zweifelten nicht an der Echtheit des Propheten, als die Kunde von seinem Auftreten aus dem Orient kam.

Daß viele Marranen ins heilige Land gekommen sind, ist nicht anzunehmen – es scheint vielmehr, daß manche den Plan hatten und nur wenigen die weite Reise gelang. Aber wir wissen, daß Joao Miquez, der Antwerpener Marrane, der Günstling des Sultans und Herzog von Naxos sich großen Grundbesitz um Tiberias sicherte, um den Juden eine neue Heimstatt zu sichern. Juden – das waren für ihn die Marranen. Und sein Nachfolger Alvaro Mendes, Herzog von Mytilene, führte den Versuch einer marranischen Siedlung am See von Tiberias fort. Was nach seinem Tod 1603 geworden ist, wissen wir nicht.

Wie tief und gründlich marranisches Denken die religiösen Gefühle der Marranen beeinflußte, geht aus einer Bemerkung des nach Amsterdam entkommenen Arztes Orobio de Castro hervor. Der sagt, daß der größere Teil der in die Freiheit gelangenden Marranen alles Jüdische, das er finde, sofort mit Freuden und ganz aufnehme. Daß aber ein anderer dem Judentum fernbleibe, weil er vom marranischen Gedankengut nicht lassen könne, das sich mit dem offiziellen Judentum schwer vereinbaren lasse. Ich habe nur diese eine Stelle gefunden, die einen solchen Hinweis gibt – Spuren in der Geschichte scheinen diese Kreise nicht hinterlassen zu haben.

Es gibt so vieles noch im Marranentum, von dem wir heute zu wenig wissen. Immer wieder wird von geheimen Synagogen gesprochen. Aber gab es deren überall? Wahrscheinlich im kleinsten Nest, wo eine genügende Zahl von Marranen wohnte, wenn wir auch nur von wenigen mehr als die Tatsache wissen.

Etwa zwanzig Jahre lang bestand eine geheime Synagoge in Antwerpen, gegen Ende des 16. Jahrhunderts. Wir wissen das aus zwei Quellen: aus der Denunziation eines neuchristlichen Seemanns, der einem Jom-Kippur-Gottesdienst beiwohnte und nun der Inquisition die Namen aller Teilnehmer nannte, die alle reiche Antwerpener Kaufleute waren – die Rabbiner hatte man sich aus Italien verschrieben. Im Archiv zu London andererseits liegen Papiere, aus denen hervorgeht, daß die dortigen Marranen, die offiziell alle noch als Katholiken lebten, regelmäßig beträchtliche Summen nach Antwerpen schickten zum Unterhalt der dortigen Synagoge – der Leibarzt der Königin war darunter.

Mehr noch über eine solche Synagoge erfahren wir aus dem in extenso gedruckten Inquisitionsprozeß des Antonio Homem, der 1624 am Brandpfahl starb. Homem war Professor an der Universität Coimbra und hatte dort eine starke Gruppe akademischer Marranen geschaffen, die recht eifrig tätig gewesen sein muß. Professoren für Jurisprudenz und Mathematik waren darunter, Homem selbst und ein anderer hatten die Weihen genommen, waren katholische Priester. Der Jom Kippur-Gottesdienst, von dem in den Prozeßakten berichtet wird, war von 24 Personen gehalten worden, mehrere Studenten waren dabei. Homem fungierte als Rabbiner. Das Ritual hatte mit dem Jüdischen wenig zu tun, der Gottesdienst beruhte hauptsächlich auf einer Interpretation des Tenach. Einen beträchtlichen Teil nahm der Märtyrerkult ein. Homems Auffassung vom Judentum gipfelte in dem Satz, daß das Feiern des Sabbat und die Ablehnung aller Bilder grundlegend sei, weil das den Juden vom Andersgläubigen unterscheide.

Eine alte Frau aus dem Volk, die vor der Inquisition im fernen Mexico sagt, ein Mensch werde durch seine guten Werke erlöst, wie immer auch sein Glaube sei, scheint mir allerdings vom Judentum mehr erfaßt zu haben als der gelehrte Herr zu Coimbra inmitten aller Leuchten seiner Universität – wobei ich zugebe, daß dieser mein Mangel an Respekt vor einem Universitätsprofessor etwas Unjüdisches ist.

Wann wurde ein neuer Christ zum Marranen? Es gibt dafür keine Regel – die Sitten und Bräuche der Marranen sind naturgemäß örtlich recht verschieden mangels aller Schriften und Bücher – aber es scheint doch, als ob der Tag der Barmitzwah gewählt wurde, um den Sohn in den illegitimen Glauben einzuführen. Tat man es früher, so konnte das Kind unvorsichtig plaudern, schob man die Einweihung auf später auf, so konnte der Junge bereits im Katholizismus allzu tief Wurzel gefaßt haben. Es gab in Orten mit größerer marranischer Gemeinde eigene Lehrer, welche die Jungen nach Vollendung des dreizehnten Jahrs in alle Geheimnisse einführten.

Die Liturgie lernte man auswendig, es war das die einzige Methode, das Ritual zu bewahren. Je länger man vom Judesein entfernt war, je mehr die Gefahr der Entdeckung zunahm, umso mehr wurde auch das Ritual gewandelt. Im siebzehnten Jahrhundert schon scheinen nur noch Reste vom eigentlichen jüdischen Gottesdienst geblieben zu sein. Nur noch wenige hebräische Worte. Man kleidete jüdische Bitten in die Form katholischer Gebete, es gibt ein Vaterunser mit marranischen Zwischenzeilen. Die Psalmen, beiden Religionen gemeinsam, wurden gern gelesen, sie bedeuteten keine Gefahr. Aber die Liturgie schrumpfte mit der Zeit, vergessen wir nicht, es ging über Jahrhunderte. Alles, was Samuel Schwarz in mehreren Jahren sammeln konnte an marranischen Gebeten, umfaßt kaum vierzig Druckseiten. Den Kopf bedeckte man nicht mehr, aber man wandte sich noch nach Misrach[113], man wusch sich oft – das Baden galt im Spanien des achtzehnten Jahrhunderts noch als ein jüdischer oder maurischer, wenig sittsamer Brauch.

Auch von den Speisegesetzen blieb wenig. In einem Land, in dem das Schwein das wichtigste und häufigste einzige Haustier ist, kann man darauf nicht allzeit verzichten, zumal der Genuß von Schweinefleisch als Brauch des guten Christen galt – es war gefährlich, darauf zu verzichten. Aber die Marranen wuschen stets das Fleisch, entfernten das Blut und meist auch die Adern.

Den Sabbat hielten sie vom Vorabend an – ganz wie es der jüdische Brauch befiehlt. Das Licht am Freitagabend war das eigentliche äußere Symbol des marranischen Judentums – ein schönes und gut gewähltes Symbol in meinen Augen – es wurde stets angezündet, in einer Holzglocke, wenn es nicht anders ging. Von den Festen hielten die Marranen Pesach[114] und Jom Kippur[115] – Rosch haschana[116] kaum je, wohl weil es in der Bibel wenig erwähnt ist. Statt des Purim hielten sie ein dreitägiges Fasten – ein Teilfasten nach Art der Katholiken offenbar – zu Ehren der Königin, der Schutzpatronin der Marranen. Die anderen Feste waren vergessen.

Wenn es ans Sterben ging, schickte man den katholischen Priester hinaus – der Sterbende drehte sich zur Wand. Seltsamerweise steckten die Marranen dem Toten ein Geldstück in den Mund, was ja eine griechische und keine jüdische Sitte ist. Die Leiche wurde nach jüdischem Brauch gewaschen. Statt der Schiweh[117] blieb man sieben Tage im Haus, in dieser Zeit genoß man kein Fleisch.

Damit habe ich einen kurzen Überblick über die religiösen Sitten der Marranen gegeben – viel mehr war es nicht. Die Beschneidung fand nur ganz, ganz vereinzelt statt. Dadurch begab man sich in stete Todesgefahr. Gewiß hatte jeder Ort noch seine eigenen Bräuche, in der einen Gegend war mehr überkommen, in der anderen weniger, oft wurden katholische Sitten judifiziert. Aber es läßt sich sagen, daß die Religion der Marranen in Spanien und Portugal während der letzten zweihundert Jahre in diesen wenigen Dingen und nicht in mehr bestand.

Warum die Marranen just in den drei Nordprovinzen Portugals saßen, warum sie sich nur dort erhalten haben, das ist eine Frage, die sich beantworten läßt. Diese portugiesischen Marranen stammen fast alle von jenen spanischen Juden, die 1492 ihre Heimat verlassen mußten. Der König von Portugal hatte damals drei Grenzstädte als Durchgangsstationen bestimmt, die alle hoch im Norden lagen. Und so blieben sie im Norden, zwischen den drei Städten und dem Meer. Die Namen der kleinen Städte, in denen sie künftig hausten, finden wir noch als Familiennamen Amsterdamer Portugiesen: Belmonte, Miranda, Carvalho. Und wir wissen auch, daß achtzig Prozent der Marranen, die bei den Autodafés auftraten, aus diesen nördlichen drei Provinzen stammen. Südlich Lissabon gibt es keine Marranen mehr, dort verschwanden sie in der übrigen Bevölkerung, als die Inquisition aufgehoben wurde.

Als ich 1931 durch das marranische Land fuhr – in den schrecklichen ungefederten Autobussen Portugals – war dort die Lage schon wesentlich anders als in den Tagen, da Samuel Schwarz, der Entdecker, und Lucien Wolf, der Vertrauensmann der Londoner Juden, von ihren Reisen berichteten. Noch immer stand an der Spitze der Marranen der Kapitän de Barros Basto[118], der damals so alt war, wie ich heute bin. Ein bemerkenswerter Mann, der in seiner Jugend die Boy-Scout-Bewegung in Portugal geschaffen hatte und gleich nach dem Krieg, in dem er sich manche Auszeichnung holte, an die Gründung einer Gemeinde in Lissabon und später in Oporto ging. Als ihm Schwarz von seiner Entdeckung in den

Bergen erzählte, nahm er die Sache gleich mit der ihm eigenen Begeisterung auf. Als ich ihn traf – er war damals Direktor des Militärgefängnisses in Oporto – hatte er schon manches erreicht: der Grundstein für eine große Synagoge in Oporto war gelegt, es gab jüdische Gemeinden in sechs Städtchen in den Bergen, Minjan in zwölf anderen, wöchentlich kam eine kleine Zeitung ha-Lapid heraus, im Seminar lernten marranische Juden die jüdische Lehre – aber er selbst war ein müder Mann geworden, bei dem nur noch hie und da die alte Begeisterung durchschlug. Er sagte mir wehmütig mit vielen französischen Worten, was die Ostjuden in ein Sprichwort gefaßt haben: Mit Juden ist nur gut auf einem Friedhof liegen.

Er hatte erlebt, was allen Begeisterten widerfährt: Viel Ärger in den eigenen Reihen – die Marranen waren nicht so rasch in die Arme der Juden geeilt, wie er es gedacht hatte. Einige tausend – genaue Zahlen gelten in Portugal als schlechter Ton, als unfein und pedantisch – die Mehrheit aber zog es vor, bei vollem Bewußtsein der marranischen Abkunft Katholiken zu bleiben, das war ja so viel bequemer. Die Honoratioren stänkerten nach altem jüdisch-christlichen Brauch untereinander. Die katholische Geistlichkeit, die seit der Revolution von 1910 in Portugal stets in der Defensive gewesen war, hatte den Abfall der Marranen zum Anlaß genommen, um energisch wieder in die Öffentlichkeit zu treten. Viele seiner altchristlichen Freunde hatten sich von ihm losgesagt. Er sollte seine Stellung verlieren, wenn er nicht von der seltsamen Propaganda lasse, so hatte man ihm von hoher Stelle versichert. Und so weiter.

Aber einen alten Journalisten wie mich erstaunte das nicht so sehr, ich sah darin den Lauf der Welt, ich tröstete ihn, und er war bald wieder so enthusiastisch wie ich ihn gern sah. Er gab mir alle Informationen, bevor ich auf meine Reise ging.

Schwarz, Wolf und de Barros Basto weisen auf das prononciert jüdische Aussehen der Marranen hin – um ehrlich zu sein, ich habe das nicht entdecken können. Gewiß gab es unter ihnen jüdische Augen, gebogene Nasen, aber das gab es auch bei anderen, und generell besehen, waren sie portugiesische Bauern und Kleinbürger, rechte Portugiesen. Aber daß die Mehrzahl der Menschen in den drei Provinzen sich ihrer marranischen Abkunft wohl bewußt war, das stimmte. Der Bürgermeister von Belmonte wußte von jeder Familie in der Stadt, ob sie neu- oder altchristlicher Abkunft war – ein paar hundert waren zum Judentum zurückgekehrt. ›Ich selbst bleibe Christ‹ – sagte er mir, ›ich sehe keinen rechten Grund, den Glauben zu wechseln. Ich bin Demokrat und antiklerikal, das sind wir hier alle – warum soll ich statt in die Kirche in die Synagoge gehen? Daß wir Marranen sind, daß mein Ahn in Coimbra als judaisant verbrannt wurde, das weiß ich, darauf bin ich stolz, das erzähle ich meinen Kindern, damit sie es forterzählen. Aber mit Religion hat das nichts zu tun!‹

Diese antiklerikale Haltung fand ich überall, bei all den Marranen, die nicht wieder Juden wurden. Ja, ich möchte sagen, daß die Zahl der Juden in diesem Land heute größer ist als die der frommen Katholiken. Aber die meisten sind Freigeister, in dem Sinn etwa, wie man hierzulande Sozialist ist. ›Schulen brauchen wir‹, sagte mir ein Anwalt in Braganza, ›aber solche, in denen die Kinder lesen und schreiben lernen – Religion brauchen wir nicht.‹ Eine solche Einstellung ist charakteristisch für ein Land, das bis vor 30 Jahren voll und ganz unter der Herrschaft der Kirche stand, das nach dieser in seinen Augen dunklen Zeit einen Horror vor allem hat, was Religion heißt. Man will vorwärts kommen, es soll keine Analphabeten mehr geben, es gibt ihrer noch allzuviel, die Marranen schreien allesamt nach Bildung – und darin sehe ich ihr provoziertes Judesein.

Seit 1910 kann man in Portugal ohne Religion leben, ohne Geistlichen heiraten, zur Welt kommen und begraben werden – alles das macht der Standesbeamte. Daß sie die Kirche und ihren Druck los sind, daß der Katholizismus an die Wand gedrückt ist, daß sie frei leben, genügt den meisten Menschen dort.

Sie fühlen sich als Marranen und sind stolz darauf. Eine gute Geschichte der Marranen könnte dort unten eine stattliche Auflage erleben, just bei jenen, die nicht zum Judentum zurückkehren. Und eine andere Chance hat das Judentum:

Den Zionismus verstehen die Marranen. Wenn sie hören, daß es Millionen Juden nicht viel besser geht, als es ihren Vätern erging, so ist es für sie nur ein kurzer Schritt zu der Feststellung, daß es ein Land, ein eigenes und freies Land für die Juden geben müsse. Und vom Zionismus zur Religion, zum offenen und vollen Bekennen des Judentums, in jeder Gestalt, ist es wiederum nicht weit.

Schwarz hat die Zahl der Marranen in den drei Provinzen auf 10 000 Familien geschätzt. Das ist zu hoch und zu niedrig, wie man es nimmt. Etwa dreitausend Familien – wenn man portugiesische Zahlen als echt nimmt – sind wieder Juden geworden, das sind etwa 10-12 000 Menschen. Die Zahl der Marranen, die sich als solche fühlen, ist weit höher, ich glaube, daß sie mit 75 000 Seelen nicht überschätzt ist. Denn um die Zeit, da ich im Land war – so erzählte mir de Barros Basto – war das Interesse an ihrer Abkunft auch bei vielen Marranen in den großen Städten gewachsen, in Lissabon vor allem. Sie kamen in die Synagogen, suchten ihn auf, wühlten im dumpfen stickigen Archiv da Torre do Tombo nach den Inquisitionsprozessen ihrer Vorväter – der Kapitän versprach sich viel davon.

Wie es heute dort unten aussieht, können wir nicht einmal vermuten. Das Schicksal der Juden in der Welt hat die Einstellung des einzelnen verändert – ein Mann, der die Wahl hat, ob er sich zu ihnen bekennen will oder nicht, kann sich, ist er tapfer, dafür, ist er feige, dagegen entscheiden. Und wir sollten die Zahl der Tapferen auf Erden nicht überschätzen.

Die neue große Synagoge zu Oporto, die Synagoge

der Marranen, ist vor einigen Jahren geweiht worden – das Geld war aus England und Amerika gekommen. Es war, genau besehen, zweimal gekommen, das erste Mal war es auf der Reise nach Oporto in viele kleine Kanäle versickert. Nehmen wir an, das sei so der Brauch bei romanischen Völkern.

Aber dennoch, wir brauchen nicht pessimistisch zu sein. Es gibt seit Beginn der großen Emigration viele neue überzeugte Juden in Portugal, die sich um die Marranen kümmern könnten und sich vielleicht um sie gekümmert haben. Ich könnte es mir vorstellen, ich kenne einige von ihnen. Und ich möchte es wünschen.

Wir ahnen noch so wenig von dem, wie die Welt nach dem Krieg aussehen wird, daß wir von der Judenheit jener Zeit nur zu träumen vermögen. Träumen wir, daß auch diese Bauern aus dem Norden Portugals ein Teil jener künftigen, besseren Judenheit sein möchten. Sie brächten frisches Blut, sie sind leichten Gangs und selbstbewußt, wir haben nicht viele solcher Menschen. Und sie sind, was besser noch ist, Bauern, Bauern seit Jahrhunderten ...

Anhang

Fritz Heymann
Ein deutsch-jüdisches Schicksal

Er schrieb über Abenteurer und Außenseiter und ist in gewisser Weise selber beides gewesen. Fritz Heymann, Jahrgang 1898, ist heute nur noch wenigen durch sein im Amsterdamer Exil geschriebenes Buch »Der Chevalier von Geldern« bekannt. 1914 hatte sich der Sechzehnjährige freiwillig zum Kriegsdienst gemeldet, war erst im Osten, dann im Westen an der Front, geriet bei Arras in englische Kriegsgefangenschaft, konnte jedoch in englischer Uniform entfliehen. George F. J. Bergmann, ein Freund aus jenen Jahren, erinnerte sich, daß Heymanns Flucht im Armeebefehl der II. Armee vom 5. Juli 1917 lobend erwähnt wurde. Angeblich sei der inzwischen zum Leutnant beförderte Heymann sogar von Wilhelm II. empfangen worden, der ihm die Bitte erfüllt hätte, ihn zu seinem »Heimatregiment«, den Düsseldorfer Husaren, zu versetzen.

Aus dem Weltkrieg zurückgekehrt, hochdekoriert, wie es heißt (angeblich sind ihm elf Orden verliehen worden), trat Heymann der schlagenden Verbindung »Sprevia« bei und begann in Berlin zu studieren. Doch das akademische Leben war nicht nach seinem Geschmack. 1919 verdingte er sich als Offizier in einem Freikorps, das in Berlin, Braunschweig und in Sachsen gegen die Spartakusbewegung zum Einsatz kam. Angewidert von den antisemitischen und völkischen Tendenzen und unter dem Eindruck, daß die Freikorps nicht nur die Kommunisten, sondern auch die Republik bekämpften, nahm Heymann bald wieder seinen Abschied und kehrte an die Universität zurück. Mit einer Arbeit über »Das Recht des Londoner Getreide-Kontrakts und der Krieg« promovierte er in Heidelberg zum Dr. juris.

Auf seine Karriere als Soldat und Freikorpskämpfer

war Fritz Heymann stolz, auch wenn er sich später ablehnend über Freikorpsmänner wie Gerhardt Roßbach und Ernst von Salomon geäußert hat. Es sei bei den Heymanns Familientradition, Soldat zu sein, schrieb er: »Von den Brüdern Heymann rennt seit 1795 in jedem von sieben Jahren ein Fünfzehnjähriger zum Heer, sie kämpfen als Offiziere auf allen europäischen Schlachtfeldern, zwei fallen bei Waterloo, und der Jüngste geht mit dem Kaiser nach St. Helena.« An Hans-Joachim Schoeps, mit dem er seit Ende der dreißiger Jahre in Briefkontakt stand, schrieb er am 9. Januar 1940: »Ich bin, was unter Juden nicht die Regel ist – in der fünften Generation ununterbrochen Soldat und Frontoffizier ... Ich bin kein Linker, war es nie. Meine Freunde hier draußen können es nicht fassen, daß ich einmal ein Freikorps kommandierte, anno 19, und noch weniger meine Erlebnisse in dieser Zeit, die man einem Brief vorläufig nicht anvertraut. Bei alledem meine ich, stets derselben Linie gefolgt zu sein, in all den kämpferischen Tagen, seitdem mich stets für dieselbe Sache geschlagen zu haben.« Nach Abschluß seiner Studien wurde Heymann in der Wirtschaft tätig. Es war die Zeit der Inflation und Scheinkonjunktur, die Lohnempfänger benachteiligte, Schieber und Spekulanten hingegen begünstigte. Auch Heymann glaubte sein Glück machen zu können. Er sprang auf das sich immer schneller drehende Karussell auf, so wie viele andere, hoffend, schnell und ohne große Mühen zu Reichtum zu gelangen. Er wurde, wie sich George F. J. Bergmann erinnert, »Direktor von fabulösen Gesellschaften in Hamburg, Frankfurt und Weimar, die dann nach der Stabilisierung der Mark ein ruhmloses Ende fanden«. Daß es ihm zu dieser Zeit nicht schlecht gegangen ist, daß er sein Leben in vollen Zügen genossen hat, ist einem Brief zu entnehmen, den er an Franz G. Littmann schrieb, einem Freund, der nach Palästina ausgewandert war und dort das Jerusalem-Büro der Zeitung »Haaretz« leitete: »Als ich 27 war, saß ich zu Weimar, dem Musenwitwensitz, als großmächtiger Direktor in prunkvollen Räumen, mit Auto, Chauffeur, einer Freundin in der Wohnung und einer im Bürobetrieb und einigen kleineren in den Kurorten der Gegend, ach ja: alter Mann erinnert sich. Man soff mit den sozialistischen Ministern, mit den Malern vom Bauhaus, mit komischen Käuzen und Reichswehroffizieren ... Junge, wie lange ist das her!« (14. April 1940)

So angenehm ihm diese Zeit im Rückblick erschienen sein mag, ausgefüllt hat sie ihn nicht. Er begann zu schreiben und erste Artikel zu veröffentlichen. Um die Mitte der zwanziger Jahre fing er an, sich für die Geschichte der Juden zu interessieren und Material zu sammeln. Für eine »Chronik der Abenteuer der Juden«. Er veröffentlichte Vorstudien über den Chevalier von Geldern, über »Juden im Rokoko«, über die Gebrüder Frey und ihre Aktivitäten im Paris der Revolution oder über Charles-Louis Schulmeister, den Spion Napoleons, der in den napoleonischen Feldzügen eine gewisse Rolle spielte, in den Geschichtsbüchern heute jedoch nicht mehr genannt wird.

In Düsseldorf wurde Heymann schließlich Redakteur bei der »Düsseldorfer Lokal-Zeitung«, deren Chefredakteur, Siegfried Thalheimer, lange Jahre sein Mentor und Förderer gewesen ist. Das Impressum weist ihn ab 1928 als zuständig für den Handelsteil aus. Er schrieb, zumeist unter dem Kürzel »h«, wirtschaftspolitische Artikel, auch im Feuilleton und im allgemeinen Politikteil taucht sein Name auf. Die »Düsseldorfer Lokal-Zeitung« war ein Blatt des bürgerlichen Mittelstandes, Hitler und dem Nationalsozialismus stand sie ablehnend gegenüber. Als Hitler am 30. Januar 1933 zum Reichskanzler ernannt wurde, kommentierte das Blatt: »Das Schicksal der deutschen Republik hat sich am Montag erfüllt. Sie war von Stufe zu Stufe in den Abgrund geglitten, vom kleineren zum immer größeren Übel und ist endlich beim großen Übel angelangt.« Daß eine solche Sprache den neuen Machthabern mißfiel, versteht sich von selbst. Wenig später ging die Zeitung, angeblich ist dabei Druck auf die Familie Thalheimer ausgeübt worden, in anderen Besitz über. Der neue Eigentümer bekannte sich zu Hitler und zur antisemitischen Politik des Regimes. Am 1. April 1933, dem Tag des Judenboykottes, war in das Blatt die alles besagende Erklärung eingerückt, daß der neue Besitzer Otto Fritz von »deutschen, christlichen Eltern« abstamme und der neue Redaktionsleiter Dr. Alfons Pfab »einer altbayrischen, katholischen Familie« entstamme.

Wie viele andere Nazigegner waren Fritz Heymann und Siegfried Thalheimer gezwungen, im Frühjahr 1933 Hitler-Deutschland zu verlassen. Gemeinsam gingen sie in das freie Saargebiet, wo sie das antinazistische Kampfblatt »Westland« gründeten, eine Wochenzeitung, deren einzige Aufgabe darin bestand, zum Widerstand gegen das NS-Regime aufzurufen. In dem Blatt, von dem 46 Nummern (11. November 1933 – 17. November 1934) erschienen, war Siegfried Thalheimer zuständig für die Leitartikel, Norbert Mühlen für die Weltpolitik und Wirtschaft und Fritz Heymann für das Feuilleton. Ständige Mitarbeiter waren Konrad Heinen, Helmut Hirsch, Rudolf Olden und August Stern. Als das Blatt durch merkwürdige, bis heute nicht ganz geklärte Transaktionen in den Besitz der Nationalsozialisten gelangte, gründeten die Redakteure über Nacht ein neues Blatt, das sie »Grenzland« nannten und in dem sie ihren publizistischen Kampf gegen Hitler-Deutschland fortführten.

Nach dem Anschluß der Saar an das Reich mußten Thalheimer und Heymann Anfang 1935 endgültig deutschen Boden verlassen. Thalheimer ließ sich in Paris nieder, wo er zusammen mit Helmut Hirsch die Halbmonatsschrift »Ordo« (sie existierte bis zum Münchener Abkommen 1938) redigierte. Heymann entschied sich für Amsterdam, er hoffte dort ungestörter arbeiten und besser für das geplante Buch »Der Chevalier von Geldern« Material sammeln zu können. Die Briefe zwischen 1937 und 1940 an Francis G. Littmann lassen erkennen, daß Heymann die NS-Außenpolitik richtig einschätzte und die Aussichten, eine Front gegen Hitler zustande zu bringen, eher skeptisch beurteilte. Besonders nach dem Münchener Abkommen vom 29. September 1938 war Heymann davon überzeugt, daß Hitlers Eroberungspolitik nicht mehr aufzuhalten sein würde. Die westlichen Demokratien, meinte er, hätten dadurch, daß sie auf Hitlers Forderungen eingegangen seien, einen verhängnisvollen Fehler begangen: »Während die Italiener und Deutschen politisch unbekümmert weitermachen, fühlen sich die Demokratien an München und sonstige Abmachungen gebunden. Und ich habe noch immer das unheimliche Gefühl, daß auch Erez Israel in München geopfert worden ist« (28. Oktober 1938).

Über ein Treffen mit jüdischen Organisationen, das am 23. Oktober 1938 in Brüssel stattfand und zu dem auch Heymann eingeladen worden war, äußerte er sich fast verächtlich. Die Anwesenden (»Top of the World-Jewry«) seien allesamt schockiert von seinen Vorschlägen gewesen, hätten gemeint, daß es falsch sei, offensiv gegen Hitler vorgehen zu wollen: »Frantek – Du kannst Dir nicht vorstellen, was ich da erlebte! Erst mal fing das an janz wie Verschwörer, jidische Abart. ›Organisation Cohnsul‹ würde man kalauernd sagen. Man bat mich zum Telefon ... Worauf ich ins Adreßbuch schaute und natürlich den Namen Paus judaeorum belgicorum, wie erwartet, fand. Also da saßen sie denn in Klubsesseln rum, die Amerikaner mit dem Scheckbuch, die Franzosen, die Belgier, Holländer, Engländer. Und überlegten, how to fight Hitler. Ich war gewiß auf Schlimmes gefaßt, aber hier blieb mir doch die Spucke weg. Die braven alten C. V.-Methoden aus der Vorkriegszeit wurden aus der Versenkung geholt, es ging ihnen allen stets darum, vornehm zu bleiben, taktvoll und rücksichtsvoll. Und sie waren tiefinnig überzeugt, daß alles mit Geld zu machen sei.«

Als das Buch »Der Chevalier von Geldern«, das die Lebensläufe jüdischer Abenteurer und Außenseiter nachzeichnete, im Herbst 1937 im Amsterdamer Querido-Verlag erschien, war Heymann ganz überrascht von dem Erfolg. Besonders freute es ihn, daß insbesondere Lion Feuchtwanger, Alfred Döblin und Stefan Zweig sein Werk positiv aufnahmen. Der Erfolg war es vermutlich auch, der Heymann bestärkte, die »Chronik der Abenteuer der Juden« fortzuführen. Er plante einen zweiten Band, eine zusammenhängende Familientrilogie, »welche die Zeit von 1725–1815 umfaßt und etwa ›Santo Senor‹ heißen wird«. Er wollte hier die Geschichte des Jacob Frank und seiner Tochter Eva erzählen, wie auch das Dunkel um die Gebrüder Frey lichten, die angeblich die Neffen von Jacob Frank waren und im Verlauf der Französischen Revolution den Tod unter der Guillotine gefunden haben. Heymann war davon überzeugt, daß das Buch bei seinem Erscheinen eine Sensation auslösen würde: »Ich habe da ein ungeheures, unbekanntes Material, aus dem sich ein völlig anderes Bild dieser Leute ergibt, als das Graetz, Dubnow, Balaban und andere zeichneten« (30. Oktober 1937). Er war stolz auf die Unterlagen, die er, der nicht vom Fach Kommende, unter vielen Mühen im Laufe der Jahre zusammengetragen hatte. Es ist immer wieder gerätselt worden, wie es ihm gelungen ist, an die Archivalien heranzukommen, die er für seine »Chronik« verwendet hat. Einiges davon muß sich in seinem Privatbesitz befunden haben. Es gilt als sicher, daß die von Heymann gesammelten Materialien während der Okkupation Hollands verlorengegangen sind. Er selbst hat sich im übrigen geweigert, als er sein Buch schrieb, Fußnoten und eine Bibliographie anzufügen. »Das Publikum«, meinte er, »will das nicht, und die Klauer, die Herren Kisch, Bessmertny, Ginsbourgh etc., sollen sich das Handwerk nicht so leicht gemacht sehen.«

Hermann Kesten, der von 1933 bis 1940 in Amsterdam den deutschen Exilverlag Albert de Lange literarisch leitete, berichtet, daß er an manchem Nachmittag mit Heymann im Kaffeehaus gesessen und Gespräche über dessen literarische Pläne geführt hätte. Heymann, erinnert er sich, hätte wiederholt bekannt, daß er nicht schreibe um der Schriftstellerei wegen, sondern daß es ihm darum ginge, die Geschichte der Juden in neue Bahnen zu lenken. Kesten zitiert aus der nach 1937 geschriebenen »Marranen-Chronik«, einem unveröffentlichten Manuskript, das sich heute im Besitz des New Yorker Leo-Baeck-Instituts befindet: »Wenn wir die Geschichte der Juden auf weite Sicht betrachten, so finden wir, daß die großen Zäsuren stets durch einen Exodus, durch einen Auszug der Juden geschlagen werden. Ein Abschnitt der jüdischen Geschichte endet und ein neuer beginnt abrupt, ohne Übergang ... Mit dem Auszug aus Ägypten schließt die prähistorische, die legendäre Zeit, die Juden treten in die Geschichte ein. Mit dem Fall Jerusalems endet der jüdische Staat, endet die Einheit von Volk und Land – die Juden verbreiten sich – die erste Diaspora – über die Randländer des Mittelmeeres. Die Vertreibung der Juden aus Spanien setzt den Schlußstrich hinter die erste große Epoche jüdischer Blüte und Kultur im Galuth, das Mittelalter ist zu Ende, die Neuzeit beginnt ... Und diese Neuzeit hat 1933 ihr Ende gefunden, das geistige Zentrum der Juden hat sich von Mitteleuropa weg verschoben – wohin wissen wir noch nicht, nach Amerika vielleicht oder nach Erez Israel ...«

Neben der Arbeit an seiner »Chronik« plante Fritz Heymann ein politisches Buch, eine Kampfschrift, die Vorschläge zur Besserung der Lage der Juden zum Inhalt haben sollte. Das Manuskript, das er unter dem Eindruck der brennenden Synagogen in Deutschland Ende November 1938 begann, ist nicht erhalten. Die wenigen vorhandenen Hinweise lassen immerhin den Schluß zu, daß ihm ein nationaljüdisches Programm à la Theodor Herzl vorgeschwebt hat, ein Konzept »mehr binnenjüdisch als außenpolitisch, sehr scharf, mit boshaften Attacken gegen die Berufsjuden à la Wiener und Nachum Goldschlucker« [bissige Anspielung auf Nachum Goldmann] (9. Dezember 1939). An Littmann, den er um Rat gefragt, der sich aber offensichtlich skeptisch gegenüber dem Plan geäußert hat, schrieb Heymann: »Mit dem Kommentar ... hast Du gewiß in manchem recht. Aber ich wag's. Sollen sie schimpfen. Ich habe es zeitlebens verstanden, mir Feinde zu machen, es hat mir noch nicht geschadet, es pulvert mich auf, ich fechte gern ... Ich sehe die Einwände voraus. Dennoch, es muß sein. Wenn ich es nicht tue, wer dann? Wenn nicht heute, wann denn? Wenn nicht dies, was dann?«

Der Ausbruch des Krieges bedeutete das Ende aller Bemühungen. »Alles ist vage geworden«, schreibt Heymann seinem Freund Littmann. »Die polit. Lage hier ist schlimmer als bedenklich. Die Zeitungen machen hier wie überall in einem Optimismus, zu dem kein Grund vorhanden ist. Der Kerl kann jeden Tag einrücken, zumal sich die Engländer ihres ganzen Geschwätzes zum Trotz nicht entschließen können, eine feste Haltung einzunehmen. Ich habe jetzt unmittelbare Beziehungen zur hiesigen Regierung und die ist noch pessimistischer als ich. Die Presse wimmert vor Angst, die Haagsche Post ist jetzt auch neutralisiert worden – kein Wort wird mehr gewagt. Und die Propaganda der Nazis wird täglich geschickter, raffinierter, wirksamer. Von unserer Seite geschieht nichts. Die Holländer, Juden und Christen flüchten über See. Die USA-Quote der Holländer ist bereits voll, Touristenvisa werden nicht gegeben, Bargeld ist kaum noch im Land, überall Angst und Verzweiflung. Jeder flucht über die noble twins Hitler und Chamberlain. Aber was hilft das?«

Heymann ahnte, daß der Einmarsch der deutschen Truppen nicht mehr lange auf sich warten lassen würde. Abwechselnd sprach er davon, in die USA, nach England, ja sogar nach Griechenland (»Es ist zwar dem gelobten Lande näher, aber doch sehr aus der Welt«) zu gehen. Er erwog auch, sich freiwillig zur englischen Armee zu melden. »Ich hätte eigentlich Lust«, schrieb er an Littmann, »wieder einmal ›to carry a gun‹. Aber – so als Private H. anzufangen, nachdem man einmal als blutjunger Bursch kommandiert hat – ich weiß nicht recht«

(13. April 1940). Eines wußte Heymann mit Bestimmtheit. Er würde nicht mehr nach Deutschland zurückkehren. Dazu war er zu tief enttäuscht. »Gewiß«, schrieb er an Hans-Joachim Schoeps, »meine niederrheinische Heimat bleibt mir das, was sie immer war – jedoch jeder Stein dort ist heute so besudelt, daß ich sie nicht wiedersehen möchte.« Die Epoche der deutsch-jüdischen Geschichte war für ihn ein Kapitel, das abgeschlossen war – und zwar unwiderruflich: »Das deutsche Judentum, zu dem ich gehöre, zu dem meine Vorfahren an Rhein und Weser stets gehörten, ist ein Stück meiner Geschichte und meiner Tradition, das ich nicht missen, das ich nicht ändern möchte. Aber es hat 1933 aufgehört zu bestehen, das war mir am 1. April jenes Jahres bewußt und ich habe meine Ansicht zu keiner Stunde revidiert. Zurück? Nie! Aber ich meine, die Millionen Juden, die auf der Welt in Bewegung geraten sind, können etwas Neues schaffen in dieser ja auch recht bewegten Zeit, wenn sie nur wollten. Vielleicht wollen sie – die Notabeln und Syndizi sorgen jedenfalls dafür, daß ein solcher Wille nicht manifest wird. Also tut man das wenige, das dem einzelnen gegeben ist ...« (9. Januar 1940).

Es gehört zur tragischen Ironie des Schicksals, daß es Fritz Heymann, dem »Künder aktiven Handelns in der Geschichte« (Franz Kobler), nicht mehr gelungen ist, aus Holland herauszukommen. Seiner Mutter konnte er noch ein Visum besorgen. Sie emigrierte nach Argentinien, wohin ein Bruder schon seit einiger Zeit ausgewandert war. Er selbst versäumte es, sich rechtzeitig eine Ausreisegelegenheit zu verschaffen. Im letzten Brief vom 13. April 1940 an Franz Littmann schrieb er: »Na, irgendwie wird schon alles werden. Für Dich gewiß. Für mich vielleicht.«

Als die Wehrmacht und in ihrem Gefolge die Sicherheitspolizei Mitte Mai nach Holland einmarschierten, gab es so gut wie keine Hoffnung mehr. Größere Geldmengen standen Heymann nicht zur Verfügung, um sich den Weg ins Ausland freizukaufen. Er mußte untertauchen und hielt sich, wie es heißt, für längere Zeit den Besatzungsbehörden verborgen, wurde dann aber doch von den Häschern des Höheren SS- und Polizeiführers Rauter gefaßt. Wahrscheinlich ist er einem der ersten Transporte zugeteilt worden, die ab September 1942 über die Durchgangslager Westerbork bei Assen und Vught bei s'-Hertogenbosch direkt nach Auschwitz abgingen – und damit in den sicheren Tod.

Julius H. Schoeps

Anmerkungen

1 Die Marranen kamen nach dem Ende der spanischen Herrschaft (1581) und mit Einführung der Religionsfreiheit in die Niederlande. Der Portugiese Manuel Lopez Pereira und seine Verwandten waren die ersten Marranen, die sich in Amsterdam niederließen und offiziell zum Judentum zurückkehrten.

2 Heines 1820/21 entstandene Tragödie »Almansor« handelt in der Zeit, als das spanische Königspaar Ferdinand von Aragonien und Isabella von Kastilien Granada eingenommen hatte und die Mauren gezwungen wurden, entweder sich zum Christentum zu bekehren oder das Land zu verlassen.

3 In der Ballade oder Romanze – wie Heine sie nennt – »Dona Clara«, die im »Buch der Lieder«, Zyklus »Die Heimkehr« enthalten ist, verliebt sich die Tochter des Alcalden einer spanischen Stadt in einen Juden, der dies stolz bekennt, als er nach seinem Namen gefragt wird: »Ich, Sennora, Eu'r Geliebter, / Bin der Sohn des vielgelobten, Großen, schriftgelehrten Rabbi / Israel von Saragossa . . .«

4 Der im dritten Kapitel des »Rabbi von Bacherach« (1840) auftretende getaufte junge spanische Ritter Don Isaak Abarbanel leugnet nicht seine jüdische Abstammung: »Sennora . . . Ihr habt mich mißverstanden . . . unschuldiger Scherz . . . aber, bei Gott, kein Spott, kein Spott über Israel . . . ich stamme selber aus dem Hause Israel . . . mein Großvater war ein Jude, vielleicht sogar mein Vater«.

5 Es folgt die handschriftliche Zufügung: »Es wird in dieser ersten Lesung«.

6 Karl Gutzkow hatte Uriel Acosta – eigentlich Gabriel da Costa – (1590 – 1640), der dem Katholizismus abgeschworen und sich hatte beschneiden lassen, bereits 1834 die Novelle »Der Sadduzäer von Amsterdam« gewidmet. Das Schauspiel »Uriel Acosta« ist 1847 entstanden.

7 Heinrich Graetz (1817 – 1891), Historiker des Judentums, 1854 – 1891 Dozent am Jüdisch-Theologischen Seminar in Breslau, der berühmt geworden ist durch sein Hauptwerk »Geschichte der Juden von den ältesten Zeiten bis auf die Gegenwart« (11 Bände, 1853/70).

8 Geusen, niederl. Geuzen, die niederländischen Freiheitskämpfer zur Zeit Philipps II. Geusen nannten sich später alle, die gegen die spanische Herrschaft aufstanden und zu den Waffen griffen.

9 Hugo von Hoffmansthal ist am 15. Juli 1929 in Rodaun bei Wien gestorben.

10 Valeriu Marcu (1899 – 1942), historischer Schriftsteller, veröffentlichte 1934 »Die Vertreibung der Juden aus Spanien«.

11 Cecil Roth (1899 – 1970), Historiker, schrieb 1937 »A History of the Marrannos«.

12 Meyer Kayserling (1829 – 1905), Rabbiner und Historiker, legte eine Reihe von Veröffentlichungen zur Geschichte der spanischen Juden und der Marranen vor, u. a. »Geschichte der Juden in Spanien und Portugal« (1861/1867), »Sephardim: Romanische Poesien der Juden in Spanien« (1859); »Menasseh ben Israel« (1861); »Christopher Columbus und der Anteil der Juden an den spanischen und portugiesischen Entdeckungen« (1894). Kayserling hat auch eine Bibliographie »Bibliotheca espanola-portugueza-judaica« (1894, ^{2}1968) zusammengestellt.

13 Simon Dubnow (1860 – 1941), Historiker, schrieb nach H. Graetz die erste gesamtjüdische Geschichte »Weltgeschichte des jüdischen Volkes« (10 Bde., 1925/29).

14 Werner Sombart ist am 18. Mai 1941 in Berlin gestorben.

15 1911 zum ersten Male erschienen.

16 Fritz Baer (1888 – 1980), Historiker, 1919 – 1930 am Berliner Forschungsinstitut für die Wissenschaft des Judentums, später an der Hebräischen Universität in Jerusalem.

17 Die Juden im christlichen Spanien, 2 Bde., Berlin 1929 – 1936

18 History of the Jews in Christian Spain, 2 Bde., hebr. 1945, ^{2}1959, engl. 1961 – 1966

19 Das Schloß in Simancas ist seit Karl V. (1545) Generalarchiv der spanischen Krone.

20 Sigmund Seeligmann (1873 – 1940), Bibliograph und Historiker, der u. a. eine »Bibliographie en Historie: Bijdrage tot de geschiedenis der eerste Sephardim in Amsterdam« (1927) zusammengestellt hat.

21 Vaz Dias, Abraham Mordechai, gest. 1939, Zigarrenfabrikant

22 Izak Prins, De vestiging der Marranen in Noord-Nederland in de zestiende eeuw, Amsterdam 1927

23 Beide Synagogen wurden Mitte des 14. Jahrhunderts erbaut. Weitere Einzelheiten hierzu vgl. Jüdisches Lexikon, IV/2, Sp. 972 f.

24 Paramaribo, Hauptstadt und -hafen von Niederländisch-Guayana

25 Vermutlich Fernando de los Rios y Urruti, der jedoch Justizminister gewesen ist.

26 Niceto Alcala Zamora y Torres (1877 – 1949), spanischer Staatsmann, hatte nach dem Sturz der Monarchie die vorläufige Führung der Republik übernommen und war bis Oktober 1931 Ministerpräsident, 1931 – 1936 Staatspräsident.

27 Miguel Maura y Gamazo war Innenminister

28 Benedikt XIII. (1394 – 1423), vorher Pedro de Luna, aus aragones. Adel, trat nach 1378 auf die Seite des Gegenpapstes Klemens VII., zu dessen Nachfolger er 1394 gewählt wurde. Er wurde von den Konzilien zu Pisa (1409) und Konstanz (1417) abgesetzt.

29 Hidalgo, seit dem späten Mittelalter in Spanien Bezeichnung für den niederen Geburtsadel.

30 Die Haggadah ist die Erzählung vom Auszug aus Ägypten, die am Seder-Abend am Familientisch vorgetragen wird.

31 Gestrichen ist der Text: »Und es mag in Parenthese gleich vermerkt werden, daß sich die Parallele auch auf das letzte Jahrhundert des jüdischen Staates, auf die römische Zeit, die Assimilation an den Civis romanus ausdehnen läßt – auch damals war es nicht anders«.

32 Maravedi, Arabotino, Almorabitino, alte spanische und portugiesische Münzen

33 Das »Jahwe« erscheint in der Bibel im hebräischen Text mit dem vierbuchstabigen Konsonantenbestand JHWH und mit den Vokalwerten von »adonaj« (Herr). Der Grund dafür ist, daß sich fromme Juden scheuen, den Gottesnamen auszusprechen.

34 Nikolaus V., vorher Tommaso Parentucelli, war Papst von 1447–1455.

35 Gestrichen sind die beiden folgenden Zeilen: »Man sieht bereits, wie sich die Fronten abzeichnen. Feinde der Marranen sind vor allem die Städter, die Bürger, die in den«.

36 Isabella die Katholische (1451–1504), Tochter Johanns II. von Kastilien, heiratete 1469 den Thronerben von Aragonien Ferdinand II.

37 Ferdinand II., der Katholische (1452 – 1516), König (1479 – 1516), unterstützte die Ausbildung der Inquisition, die Vertreibung der Juden und die Verfolgung der Mauren.

38 Sixtus IV., vorher Francesco della Rovere (1414 – 1484), war Papst von 1471 – 1484.

39 Meschummad (vulg. Meschummed) Apostat, Täufling

40 Anussim, hebr. Gezwungene, Bezeichnung für die zur Ableugnung des Judentums Gezwungenen.

41 Siehe oben Anm. 17.

42 Schalet, wahrscheinlich romanische Bez. einer Speise, die, da am Sabbat nicht gekocht werden darf, am Freitagnachmittag »gesetzt«, d. h. in einer Urform der Kochkiste, dem Schaletofen, geborgen wird. Schalet besteht in der Regel aus Bohnen, in die ein fettes Stück Fleisch, vielfach auch noch ein Gänsehals getan wird.

43 Torquemada, Thomas de (1420 – 1498), spanischer Generalinquisitor, Beichtvater von Ferdinand II. und Isabella I.

44 Selichot (hebr. »Verzeihungen«), Bez. für Bitten um Verzeihung der Sünden und für Bußgebete.

45 Es folgen zwei handschriftl. angefügte Zeilen: »Überall rings um das Mittelmehr gibt es J. aus Spanien. Man kann da Seltsames erleben. Im Jahre 1926 ...«

46 Ubi?

47 Schema Jisrael, Höre Israel, Bekenntnis der Einzigartigkeit Gottes, benannt nach den Anfangsworten (Dt. 6, 4) und zusammengesetzt aus drei Abschnitten: 1. Dt. 6,4–9, 2; 2. Dt. 11,13–21; 3. Nm. 15,37–41. Das Schema ist das letzte Bekenntnis in der Todesstunde.

48 Sekte des 12. und 13. Jahrhunderts, in Oberitalien verbreitet, wurde im frz. Süden zur Macht, als sich ihr Teile des Adels anschlossen, u. a. die Grafen von Toulouse.

49 Waldenser (nach den Stifter Valdes), Arme von Lyon, die Mitglieder einer Laienpredigerbewegung, die im 12. Jh. mit »apostolischer Armut« für eine Reform der Kirche eintrat.

50 Katharer (gr. »die Reinen«), vermutlich im Anfang des 12. Jahrhdt. vom Balkan nach Europa eingedrungene Bewegung, die direkt unter dem Einfluß der Bogumilen, indirekt unter dem des Manichäismus und der Gnosis stand.

51 Erasmus, Desiderius, genannt Erasmus von Rotterdam (1466–1536), bedeutender Humanist, bahnbrechend als Philologe wie als Kirchen- und Kulturkritiker.

52 Autodafé, portug. »Glaubensakt«, das in Spanien und Portugal ursprünglich die öffentliche Verkündigung bedeutete, dann auch die feierliche Vollstreckung eines Inquisitionsurteils, bestehend aus Gottesdienst, Prozession zur Richtstätte und Hinrichtung der Verurteilten in Gegenwart der geistlichen und weltlichen Obrigkeit.

53 Roman des spanischen Dichters Cervantes Saavedra (1547–1616).

54 Roman von A. R. Lesage (1707).

55 Schelmenroman eines unbekannten Verfassers, das die Lebenserfahrungen eines Dieners vieler Herren schildert.

56 Julius II. (1503–1513), vorher Guiliano della Rovere.

57 Thomas de Torquemada (1420–1498), spanischer Großinquisitor, Beichtvater von Ferdinand II. und Isabella von Kastilien.

58 Limpieza de sangre, Reinheit des Blutes.

59 Berwick y de Alba, Duque de, Noticias históricas y genealógicas de los estados de Montijo y Teba según los documentos de sus archivos, Madrid 1915.

60 Eugenie (1826–1920), Kaiserin der Franzosen, Tochter des spanischen Grafen von Montijo, vermählte sich 1853 mit Napoleon III.

61 Montaigne, Michel Eyquem, Seigneur de (1533–1592), französischer Philosoph.

62 Spinoza, Baruch de (1632–1677), Philosoph.

63 Vasco da Gama (1468/69–1524), port. Seefahrer.

64 Cabral, Pedro Alvares (1467 oder 1468–1526), portugiesischer Seefahrer.

65 altflämisch: »frei, sicher und ungehindert, unter dem Vorbehalt, daß sie keine Geschäfte tun oder verfolgen gegen unseren heiligen Glauben!«

66 Auf der niederländischen Reise 1520/21 führte Dürer ein Tage- und Skizzenbuch.

67 Nannte sich nach seiner Rückkehr zum Judentum Josef Nassi (um 1515–1579), Finanzmann in türkischen Diensten, 1566 zum Herzog von Naxos ernannt.

68 Werner Sombart, Die Juden und das Wirtschaftsleben, München und Leipzig 1911.

69 Antonio von Portugal, König der Juden, in: Fritz Heymann, Der Chevalier von Geldern. Geschichten jüdischer Abenteurer, Königstein/Ts. [3]1985, S. 25–103.
70 Fernao Mendes Pinto (zwischen 1509 und 1511–1583), portugiesischer Schriftsteller.
71 Begründet von dem englischen Geistlichen und Geographen Richard Hakluyt (1552–1616).
72 Gabriel da Costa (1590–1640), nannte sich nach seiner Rückkehr zum Judentum Uriel da Costa oder Uriel Acosta, Schriftsteller und Philosoph, vgl. Anm 7.
73 Josef Kastein, Uriel da Costa. Tragödie der Gesinnung, Berlin 1932.
74 Servet, Michael, eigentl. Miguel Serveto (1511(?)–1553), spanischer Arzt und Theologe, bekannt geworden durch sein Werk »De restitutione Christianismi« (1553), in dem er einen pantheistischen Neuplatonismus vertrat, wurde von der Inquisition verhaftet und zum Tode verurteilt.
75 Gemeint ist vermutlich der Mai 1940.
76 Chasan, hebr. Vorbeter, ursprüngl. bezeichnet das Wort den Diener der Synagoge.
77 Sigmund Seeligmann, Bibliographie en historie. Bijdrage tot geschiedenis der erste sephardim in Amsterdam, Amsterdam [Menno Herzberger] 1927.
78 Hierzu Hermann Kellenbenz, Sephardim an der unteren Elbe, Wiesbaden 1958.
79 Manasse ben Israel (1604–1657), Gelehrter und Politiker, der eine bedeutende Rolle bei der Wiederansiedlung der Juden in England spielte. Seine Schrift »Vindiciae Judaeorum« (1656) wurde 1782 von Moses Mendelssohn ins Deutsche übersetzt und mit einer Vorrede versehen.
80 Oliver Cromwell (1599–1658), englischer Staatsmann.
81 Handschriftlich verfaßte Verzeichnisse, in denen der Mohel die vorgenommenen Beschneidungen anführt.
82 Erez Israel, hebr. Land Israel, bibl. Bezeichnung des isr. Kanaan.
83 holl.: »Das Marranenproblem aus ökonomischer Sicht«.
84 Gemeint ist der dänische König Christian IV. (1577–1648).
85 Sixtus V. (1585–1590), vorher Felice Peretti (1521–1590).
86 Hermann Wätjen (1876–1944) schrieb u. a.: Das Judentum und die Anfänge der modernen Kolonisation, kritische Be-

merkungen zu Werner Sombarts »Die Juden und das Wirtschaftsleben«, Berlin 1914.

87 Vaz Dias veröffentlichte 1935 »De Amsterdamsche Joden in ambacht en bedriif« und 1936 »Uriel da Costa. Nieuwe bijdragen tot diens levensgeschiedenis«.

88 Am 2. September 1796 wurde folgender Beschluß dekretiert: »Kein einziger Jude darf der mit dem batavischen Staatsbürgertum verbundenen Rechte und Vorrechte beraubt werden, sofern er von ihnen Gebrauch machen will, und zwar unter der Bedingung, daß er allen Forderungen genügen und alle durch die Verfassung festgestellten Pflichten erfüllen wird.«

89 Efraim Bueno (1599–1665), Arzt in Amsterdam.

90 Jacob de Castro (1758–1815), Schauspieler, ab 1803 Direktor des königl. Theaters in London.

91 Gemeint ist der Roman-Zyklus »De Jordaan« (4 Bände, 1912–1925) von Israel Querido (1872–1932), der sich mit dem Leben der Amsterdamer Arbeiterklasse beschäftigt.

92 Jacob Ruisdael (1628 oder 1629–1682), niederländischer Maler.

93 J. W. von Goethe, Ruisdael als Dichter (1816), in: Gedenkausgabe der Werke, Briefe und Gespräche, Bd. 13, hrsg. von Ernst Beutler, Zürich 1954, S. 674–676.

94 Zur Zeit des gegen den Statthalter Wilhelm V. gerichteten Aufstandes (1786–87) stellten sich die Juden an die Seite der »oranischen Partei«.Der aus Haag entflohene Statthalter fand im Hause des Benjamin Cohen in Amsterdam Aufnahme. Als Wilhelm mit Hilfe deutscher Truppen die Herrschaft wiedererlangte, beteiligten sich die Juden an den Feiern zu Ehren des zurückgekehrten Regenten.

95 Isaak da Costa (1798–1860), Dichter und Schriftsteller, der sich auf Veranlassung des holländischen Dichters Bilderdijk taufen ließ.

96 Abraham Capadose (1795–1874), Arzt und Schriftsteller, hatte sich zusammen mit seinem Freund Isaak da Costa 1822 taufen lassen.

97 David Ricardo (1772–1823), Nationalökonom, Bankier.

98 Es hat ein Waisenhaus für Mädchen »Mazon Habanot« und ein Waisenhaus für Jungen »Abi Jethomim« gegeben.

99 Die Stiftung existiert immer noch. Eine gedruckte Satzung befindet sich in der »Bibliotheek Ets–Haim/Livraria Mon-

tezinos«: »Em Amstradam, em 16 de Adar risson, de 5375 annos, da criaçam do mundo: que sam 14 dias do mes Flureiro, da era, que se conta, de 1615 annos«.

100 Benjamin Disraeli (1804–1881), englischer Staatsmann.

101 Walther Rathenau (1867–1922), Ingenieur, Schriftsteller und Politiker.

102 Eine Familienüberlieferung besagt, daß Theodor Herzls Vater von Marranen abstammt. Einen Beleg dafür gibt es nicht. Vgl. Alex Bein, Theodor Herzl, Wien [2]1974, S. 3.

103 Vermutlich meint Heymann den Kaufmann Marcus Wolf Hinrichsen (1830–1902), der 1868 bis 1870 Mitglied des Norddeutschen Reichstages war.

104 Henri Hinrichsen (1868–1942), Geheimer Kommerzienrat, 1929 Dr. phil. h. c. Leipzig, ermordet in Auschwitz.

105 Pombal, Sebastiao José de Carvalho (1699–1782), portugiesischer Staatsmann, 1750 von König Joseph I. zum Außenminister, 1756 zum Premierminister berufen.

106 Das Buch »The Bible in Spain; or, The journeys, adventures, and imprisonments of an Englishman, in an attempt to circulate the Scriptures in the peninsula« von George Henry Borrow (1803–1881) ist seit 1842 in vielen Auflagen erschienen.

107 Samuel Schwarz (1880–1953), in Polen geborener Bergbauingenieur, dessen Wiederentdeckung der Marranen in Portugal in den zwanziger Jahren weltweit großes Aufsehen erregte. Schwarz publizierte seine Entdeckung 1925 in dem Buch »Os cristaos–novos em Portugal no século XX«.

108 Lucien Wolf (1857–1930), Publizist und Historiker.

109 Hermann Sinsheimer (1883–1950), Jurist, Theater– und Literaturkritiker, war von 1916–1929 künstlerischer Leiter der Münchener Kammerspiele, Chefredakteur des »Simplizissimus«, 1929–1933 Chef des Feuilletons beim Berliner Tagblatt.

110 Rubeni, Reuweni David, messianischer Schwärmer, angeblich Prinz aus dem verschollenen Stamme Ruben, errang das Vertrauen von Papst Clemens VII., bekehrte in Portugal den Marranen Salomo Molcho und wurde nach dessen Märtyrertod 1532 von der spanischen Inquisition gefangengehalten.

111 Salomo Molcho (um 1500–1532), Marrane, der sich zum

Judentum bekannte, den Untergang Roms prophezeite, wurde auf Veranlassung Karls V. zu Mantua vor ein Inquisitionsgericht gestellt und auf dem Scheiterhaufen verbrannt. Seine tragische Gestalt wurde vielfach literarisch verarbeitet, u. a. von Max Brod und Edmond Fleg.

112 Sabbatai Zwi (1626–1676), Pseudomessias, führte nach kabbalistischen Studien ein Wanderleben und heiratete 1664 eine übel beleumdete Waise aus den Massakern von 1648. Nathan von Gaza (1644–1680), sein späterer Prophet, überzeugte ihn von seiner Sendung, die Sabbatai Zwi selbst 1665 in Palästina ausrief. Nathan bereitete die von Propheten und Ekstatikern für 1666 erwartete Erlösung mit Bußriten und neuen Liturgien vor, stürmische Messias–Hoffnung ergriff weite Kreise in Europa und im Orient. Die türkische Obrigkeit verhaftete ihn und Sabbatai Zwi trat zum Islam über – ein Ereignis, das Nathan kabbalistisch als notwendige letzte Bedingung für die Erlösung aus der »Hülle« der Sünde deutete. Die Bewegung war dadurch aber nicht gebrochen. Sabbatai Zwi wurde in der Folge wegen zweifelhafter Rechtgläubigkeit und seines Lebenswandels ausgewiesen und starb halb vergessen in Albanien. Über ihn vgl. Gershom Scholem, Sabbatai Sevi. The Mystical Messiah 1626–1676, Princeton 1973.

113 Misrach, hebr. Sonnenaufgang, Osten, Himmelsrichtung, zu der man sich beim Gebet hinwendet.

114 Pessach, hebr. »Vorüberschreiten«, »Verschonung«, eines der drei Hauptfeste, 14.-21. Nissan, zur Erinnerung an den Auszug aus Ägypten.

115 Jom Kippur, hebr. Tag der Sühne, der Sühnungen, am 10. Tischri, strenger Fast- und Bußtag.

116 Rosch haschana, hebr. »Anfang des Jahres«, Neujahrsfest, 1. (und 2.) Tischri.

117 Schiwesitzen, sieben strenge Trauertage nach der Bestattung, dabei Sitzen auf niedrigem Schemel und unbeschuht.

118 Über Arturo Carlos de Barros Basto (1887–1961) informiert u. a. The Captain, the Abade and 20th century »Marranism« in Portugal, in: H. P. Salomon, Arquivos do Centro cultural Portugues, Paris 1976, S. 631–642.

Editorische Hinweise

Der vorstehend veröffentlichte Text, der sich im Original im Leo Baeck Institute New York befindet, umfaßt 115 Blätter in Maschinenschrift, die versehen sind mit handschriftlichen Korrekturen und Zusätzen Fritz Heymanns. Er ist in sechs Teile gegliedert und trägt die Überschrift ›Marranen-Chronik‹. Im Archiv des LBI ist der Text unter der Signatur M. A. 96. 348 katalogisiert.

Den vermutlich Mitte 1940 in Amsterdam niedergeschriebenen Text hat Mathilde Heymann, die Mutter Fritz Heymanns, mit auf ihre Flucht nach Argentinien nehmen können. Sie stellte ihn 1959 dem Leo Baeck Institute in New York zur Verfügung. »In meinem Besitz«, heißt es in einem Brief am 5. März 1959, »fand ich noch die Manuskripte einer Vortragsreihe, »Marranen-Chronik« betitelt, die mein Sohn z. Zt. in Amsterdam abgehalten hatte. Da mein Sohn auf diesem Gebiet ein umfassendes Wissen hatte, glaube ich, daß diese viel, bisher unbekanntes Material enthalten.«

Zur Edition ist anzumerken, daß der Text vollständig wiedergegeben ist. Der Vortragscharakter ist beibehalten worden, um ein höchstmögliches Maß an Authentizität zu gewährleisten. Schreibweise und Interpunktion sind nicht verändert worden und entsprechen der Vorlage. Die Anmerkungen sind auf ein Mindestmaß beschränkt und so konzipiert, daß sie der weiteren Information des Lesers dienen.

Zu danken ist Dr. Fred Grubel und Dr. Michael Riff vom Leo Baeck Institute, die mir mit Auskünften geholfen haben. Ebenfalls gilt Dank Herrn D. Goudsmit von der Bibliotheek Ets Haim in Amsterdam, der verschiedene Hinweise gab, die zum Verständnis der Geschichte der Portugiesisch-jüdischen Gemeinde in Amsterdam und zur Kommentierung des Heymannschen Manuskriptes beigetragen haben. Und Dank gilt schließlich meiner studentischen Hilfskraft Andreas Schafmeister, der das Personenregister erstellt und durch seine Niederländisch-Kenntnisse manche Probleme, die sich anfänglich stellten, aus dem Weg geräumt hat.

Duisburg, im Herbst 1987 *Julius H. Schoeps*

Personenregister